KB095673

이유 있는 브랜딩

이유 있는

브랜딩

스티브 수시 지음
조유미 옮김

BRAND CURRENCY
아마존은 어떻게 브랜드를 관리하는가

유엑스리뷰

차례

"과거는 논쟁의 여지가 있고, 현재는 이미 손을
쓸 도리가 없다. 남은 것은 모두 미래에 달려있다."

—엉클 밀트 ^{Uncle Milt}

숨을 내쉬어라.

우리가 사는 이 멋진 신세계에서 여러분은 지금 여러
혼란과 뒤처지는 것에 대한 두려움, 초현실적 상황을 느끼
고 있을 것이 분명하다. 경이롭고 흥분된 감정도 느끼기를
바라지만, 당신이 무엇을 경험하든 새로운 기술이 생겨나

는 속도는 매년 더욱 가속화되고 있다. 이렇게 느끼는 이유는 실제로도 그렇기 때문이다. 아마존과 같은 기업들이 여러 면에서 생활을 더 편리하게 만들었지만, 한편으로는 삶을 이해하고 따라잡기 힘들게 만든 것도 사실이다.

소수의 사람만 이해할 수 있는 복잡한 계산이 서비스를 제공하는 고객과 기업, 정부를 대신해 보이지 않게 끊임없이 작용한다. 가상 화폐의 등장으로 증명된 것처럼 계산은 매우 유용하지만, 인간이 만든 다른 것과 마찬가지로 실수를 만들어 내고 바람직하지 않은 의도를 가진 악의적인 사람들에 의해 왜곡될 수 있다. 미지의 대상에 대한 불안은 인간의 본성이며, 복잡한 코드 레시피를 실행하는 데 필요한 전기부터 방위, 통신, 의료, 교통, 그 밖에 우리가 행복을 추구할 수 있게 하는 여러 다양한 시스템에 이르기까지 너무나 많은 것이 이 이해하기 힘든 계산에 의존한다. 그러므로 조용하고 전능한 이 파트너에 대해 불안을 느끼는 것은 당연하다. '생활환경 컴퓨팅^{ambient computing}(언제 어디서나 생활 환경 속 기기를 연결하여 컴퓨팅하는 것)'이라는 용어는 이제 현실의 일부가 되었다. 우리는 너무나도 많은 기기에 둘러싸여 있어 이 기기들이 물리적 환경을 정의하게 되었다.

인간의 육체는 이제 완전히 수적으로 열세하여 기계의 노리개가 되는 것에 관해 농담을 던지곤 한다. 인간이 기계에 밀려날 위기에 처해 있을까? 과거에 인간을 대신하는 기계에 대한 공포는 육체노동에만 한정되어 있었다. 그러나 오늘날 기계는 우리의 인지 능력과 치열한 접전을 펼치고 있다.

2017년 신문의 헤드라인을 장식했던 알파벳의 자회사 딥마인드 테크놀로지^{DeepMind Technologies}가 개발한 알파제로^{AlphaZero}를 생각해 보라. 알파제로는 체스의 기본 규칙만을 학습한 후 세계 최강의 컴퓨터 체스 챔피언인 스톡피쉬 8^{Stockfish 8}과 대결을 펼쳤다. 100번의 경기에서 알파제로는 28승 72무 0패로 스톡피쉬 8을 꺾었다. 그렇다. 한 번도 지지 않은 것이다. 또한, 알파제로가 스톡피쉬 8과 대결하기 전에 스스로와 겨루며, 인간의 개입 없이 혼자서 체스를 완전히 습득하는 데 얼마나 걸렸는지 아는가? 겨우 4시간이다. 체스는 예술과 논리, 심리가 결합된 경기이며, 이제 기계 학습이 이 창의적인 게임을 하게 됨으로써 새로운 차원의 불안감이 엄습하고 있다. 이러한 기술 발전이 최근의 포퓰리즘 증가에 기여했는지는 논란의 여지가 있다. 정치는 평범한 사람들이 그들 주변의 세계와 관련성을 맺고 일종의 유사 권력을 향유하는 최후의 영역 중 하나다. 컴퓨터가 투표함의 표를 세지만, 컴퓨터는 투표에 참여하지 않는다.

때때로 나는 경력의 대부분을 보낸, 집이라고 불렀던 아마존과 디지털 에이전시에서의 나의 역할이 이러한 불안에 기여한 것은 아닌지 궁금하다. 인간의 마음은 이 정도로 큰 자극을 수용하기 어렵다고 생각할 수 있지만, 이 책에서 나는 또 다른 많은 정보를 제공하고 있다. 이런 불안한 분위기에 관해 나에게 일말의 책임이 있을까? 당신은 기술 분야나 언론, 광고, 마케팅, 브랜딩, 디자인, 혹은 다른 관련 분야에서 일하면서 스스로에게 이런 질문을 해 본 적이 있는가? 그렇다면 그 이유는 우리의 동료가 올바른 일을 할 책임이 있다는 것을 알기 때문이라고 믿고 싶다. 따라서 마음 한쪽에 도덕적 나침반의 일종으로 그런 마음을 지닌 채 직업에 종사하는 것도 나쁘지 않다고 생각한다.

최근의 발전에 관해 읽을 때면 나는 마샬 버먼^{Marshall Berman}이 1982년 현대화의 파괴적인 속성에 관해 쓴 《현대성의 경험^{All That Is Solid Melts into Air}》의 한 구절이 떠오른다. "현대적인 것은 모험과 권력, 기쁨, 성장, 우리와 세계의 변화를 약속하는 환경에 둘러싸이는 것을 말한다. 동시에 소유하고, 알며, 우리를 우리 자신이게 만드는 모든 것이 파괴될 위험에 처하는 것이다."

나는 전자를 만들어 내고 후자를 피할 수 있을 것이라 확신한다. 이타적이라고 말해도 좋지만, 브랜드를 대신해 고객과 소통하는 비즈니스에 종사하는 나와 같은 사람은 정직하게 최선을 다하고 유용한 정보를 제공해 진심 어린 충성도를 얻는 것으로 첫걸음을 내디딜 수 있다. 당신이 어느 계층에 속하든, 이 책은 인생의 모든 분야에서 모든 사람과 모든 장소에 적용할 수 있는 중요한 개념을 담고 있다.

이것이 바로 내가 이 책을 쓰기로 결심한 이유다.

권력을 가진 브랜드는 나쁘지 않다. 권력을 남용하는 브랜드의 소유자가 나쁜 것이다. 돈 역시 악한 것이 아니다. 다른 사람을 착취하려는 탐욕이 악할 뿐이다. 우리가 브랜드 종말을 극복해 나가려고 한다면, 소비에만 초점을 맞추기보다 살아 숨 쉬는 개인으로서 고객이 갖는 이상core ideal에 호소해야 한다. 그러려면 당연히 올바른 기술이 필요하지만, 더 중요한 것은 공감을 통해 고객을 우선시하는 태도를 기르는 것이다.

이 책의 시사점

아마존에는 14가지 리더십 원칙('LPs'라고 부름)이 있다. 곧 이 원칙들을 자세히 살펴보겠지만, 아마존이 지난 10년간 꾸준히 국제 브랜드 자산 가치 및 평판 조사에서 상위를 차지한 것은 결코 우연이 아니다. 아마존의 이 원칙은 총체적이고, 계획적이며, 전사적인 노력이 필요한 일이다. 모든 리더십 원칙이 중요하지만, 아마존 전체를 가로지르는 핵심 가치는 단 하나, 바로 고객 지향이다. 고객을 최우선으로 생각한다는 것을 증명할 수 없다면, 굳이 아마존 채용 담당자와 전화 인터뷰를 하는 수고를 할 필요가 없다. 엄밀한 의미에서 이 책은 당신이 하는 모든 일에서 고객이 중심이 되도록 안내하는 것이다.

아마존보다 무려 102년 앞서 설립된 제너럴 일렉트릭GE, General Electric과 같은 기업을 떠올려 보자. 정말 진정으로 고객만을 생각한다면, GE의 시가 총액(이 책을 쓰고 있는 시점에서)이 788억 달러인 반면 아마존의 시가총액은 939퍼센트나 많은 8,189억 5천만 달러인 이유를 이해할 수 있을 것이다. 고객 지향의 증거로 시가 총액을 이용한 것에 이의를 제기할 수도 있다. 하지만 다음의 몇 가지 논점을 통해 좀 더 자세히 설명하고 싶다.

우선 GE는 억만장자 존 피어폰트 모건J. P. Morgan과 전화를 발명하고 축음기를 개선한 알렉산더 그레이엄 벨Alexander Graham Bell이 공동 설립한 회사다. 세상의 모든 자원과 기술적 혜택에 관해서는 말로 다 할 수 없을 것이다. 이와 반대로 아마존은 제프 베조스Jeff Bezos라는 한 남성이 책을 팔기 위해 차고에서 시작한 회사다. 어떻게 25년도 채 지나지 않아 GE의 주가가 한 자릿수까지 하락한 반면 아마존은 이렇게 큰 성공을 거둘 수 있었을까? 비밀은 바로 고객지향에 있다. 이것이 아마존이 성공할 수 있었던 모든 이유다. 그 밖에 다른 이유는 없다.

오늘날 격변의 시기를 헤쳐나가고 있지만, 실제로 우리를 막는 장애물은 없다. 다시 숨을 들이마시고, 이번에는 자신감을 느껴보라. 답은 바로 눈앞에 있다. 루이지애나 출신의 제임스 카빌[James Carville](빌 클린턴의 선거 전략가로 '바보야 문제는 경제야'라는 슬로건을 고안했다)의 말을 빌리자면, "바보야, 문제는 고객이야."라고 말할 수 있다. 물론 현재 당신은 바보가 아닌, 존경받는 리더다. 사업가들은 고객이 결정권자라는 생각을 바탕으로 일을 하는 여건을 갖추지 못했다. 내가 아마존에서 1년 넘게 일하는 동안에도 이런 고객 우선주의 태도에 불편함을 느꼈다. 이제 당신에게 이 특이한 기업이 어떻게 고객 우선주의를 실천하고 있고, 어떻게 이것을 따라 할 수 있는지 보여줄 것이다.

6년이라는 기간 동안 나는 아마존 애드버타이징[Amazon Advertising], 구체적으로 말하면 광고 디자인 및 사용자 경험[Advertising Design and User Experience, ADX] 분야의 크리에이티브 디렉터였다. ADX는 전 세계 수백 명의 고객에게 광고 서비스를 제공하며 아마존의 모든 영역에서 고객의 관심을 끌기 위한 경험을 생성한다. 또한, 전자상거래 기업으로서의 아마존의 주된 명성과는 달리 ADX는 대부분의 시간을 전자상거래 부서가 아닌, 각종 아마존 브랜드의 광고 캠페인을 제작하는 데 보낸다. 2012년 나는 ADX의 새 뉴욕 지사 최초의 크리에이티브 디렉터로 일했고, 몇 년 후에는 전세계 ADX의 최초 그룹 크리에이티브 디렉터로 승진했다. 2016년에는 런던에 본사를 둔 최초의 크리에이티브 디렉터 임원이 되었다. 이러한 여정을 거치며 나는 아마존의 리더십 원칙을 터무니없는 소리라고 무시하던 고객의 광고 대리인에서 고객 제일주의 수습생으로 변했다. 이 리더십 원칙이 효과를 발휘하는 것을 지켜봤으므로 이제는 확실히 생각을 바꿨고, 이 원칙을 직접 실천하고 있다.

하지만 이것은 스토리의 시작에 불과하다. 아마존에 근무하기 전 나는 메르세데스 벤츠와 P&G, 구찌, 캐딜락에 이르기까지 고객 서비스를 담당하는 에이전시 분야에서 일했다. 이러한 이유로 에이전시의 행동 방식뿐 아니라 고객이 그들의 비즈니스에 접근하는 방식에 대한 아마존의 접근법을 분석한 경험이 있다. 또한, 운 좋게도 아마존에서 미국과 유럽, 아시아의 많은 사업 분야에서 세계적으로 유명한 브랜드들과 함께 일할 기회도 있었다. 수익과 주주에 대한 걱정은 단지 우리만의 문제가 아니라 모든 비즈니스의 문제였다. 내 경험상 아이러니한 점은 주주에 더 많은 주의를 기울일수록 결과적으로 주식 가치는 더 떨어진 다는 것이다. 지금 나는 당신에게 고객에 관해서라면 아마 존은 다른 관점을 가지고 있으며, 차별화가 아마존의 성공을 이끈 이유라는 것을 말하기 위해 이 글을 쓰고 있다.

토이저러스^{Toys "R" Us}, 라디오섹^{Radio Shack}, 블록버스터^{Blockbuster}, 서킷시티^{Circuit City}, 보더스^{Borders}의 전 경영자에게 그들이 차별화한 것이 무엇이었는지를 물어보라. 많은 이들이 "고객에게 더 많은 주의를 기울여야 했어요."라는 식으로 대답할 것이다. 아마존과 최악의 비즈니스 회사 사이에는 99퍼센트의 모든 회사가 있다. 당신은 현재 이 중 한 회사에서 일하고 있을지도 모른다. 그렇다면 무엇이 다른 걸까? 아마존의 혈관에는 어떤 독특한 것이 흐르고 있을까?

2014년 어느 날, 근무 시간마다 보고 들었던 반복적인 주제를 바탕으로 아마존에서 배운 것을 이해하고 다른 사람들에게 설명하는 데 도움이 되는 한 가지 시스템이 문득 생각났다. 몇 년이 지나자 리더십 원칙과 프로그램, 개인과 팀의 목표가 항상 고객의 화폐, 정보, 충성도, 시간에 맞춰져 있다는 점이 분명해졌다. 이 책을 통해 증명하겠지만, 이런 회사가 없었다면 실제로 이처럼 행동할 수 있다고 생각하지 못할 것이다.

나는 아마존과 고객이 지속적으로 교환하는 것은 브랜드 커런시[brand currency] 때문이라는 것을 알게 되었다. 브랜드 커런시, 즉 화폐, 정보, 충성도, 시간이 교환의 매개체가 되어 아마존과 고객이 지속적인 상호 작용을 유지하고 있었던 것이다.

아마존에서 경력을 쌓으면서 나는 이 커런시 개념에 집착했고, 이러한 교환이 실제로 일어나면 그 예를 포착하고 분석해 결론에 도달했다. 즉, 우리의 뇌는 회백질에서 거래가 이루어지는 가치 교환의 장일 뿐이며, 따라서 이 네 가지 브랜드 커런시를 이해하고 잘 다룬 것이 아마존의 성공 비결이었다는 것이다. 아마존의 혁신을 이끈 방식과 기법은 다국적기업이든, 소규모 점포든, 생긴 지 얼마 되지 않은 곳이든, 오랜 역사를 자랑하는 곳이든, 공공기업이든, 사기업이든지에 관계없이 모든 조직에 적용할 수 있으므로 이것을 당신과 공유하려고 한다.

사실 이 네 가지 브랜드 커런시는 브랜드 성공의 핵심 요인 이상의 의미가 있다. 화폐, 정보, 충성도, 시간은 인간의 진실을 담고 있으며, 인간 존재의 오랜 수단이자 인류 발전의 축으로 활용되었고, 유산으로 남았다. 이 커런시들은 인간 조건의 본질적인 투입물이자 산출물이다. 이 커런시 법칙에 따라 사는 삶이 우리를 다른 동물과 구별되게

했으며 훌륭한 브랜드를 다른 나머지와 구분 짓게 했다.

이 책에서는 4가지 브랜드 커런시를 인간의 핵심 기반으로서 깊이 있게 다루며 오늘날까지 발전해 온 각 커런시의 기원과 진화를 상세히 설명하려고 한다. 그런 다음 고객이 이것을 얻고 소비하는 방식을 살펴본 후에, 마지막으로 브랜드 역시 커런시를 어떻게 얻고 쓰는지를 살펴볼 것이다. 이 과정에서 아마존에서의 경험 사례와 브랜드 스케이프 brand scape (특정 시장 및 문화권 내에서 진행되는 로고, 광고 제작 등 브랜드 홍보 활동의 확장 개념)를 둘러싼 사례 연구 모형을 활용해 설명할 것이다. 이 밖에도 왜 여러 커런시를 함께 사용하는 것이 브랜드의 자산 가치를 높이는 강력한 방법이자 효과적인 전략인지를 사례를 통해 설명하겠다. 고객을 위해 네 가지 브랜드 커런시를 모두 결합한다면, 당신은 절대 실패하지 않을 것이다.

이것을 이해하기는 쉽다. 하지만 이 방법을 직접 실천하는 것은 쉬운 일이 아니므로 우리가 해결해야 할 문제가 무엇인지 함께 살펴보도록 하자.

1부

브랜드 커런시란 무엇인가

최고의 브랜드가 되기 위해서 필요한
브랜드 관리의 핵심

1장

브랜드 커런시의 배경

"이 위성의 경로를 과학자들도 예측할 수 없었다."

-엉클 밀트

제타바이트(1섹스틸리언바이트 또는 10억 테라바이트에 해당) 시대가 가까워지면서 우리가 접하는 정보는 말 그대로 현기증을 일으킬 정도다. 지구를 배회한 적이 있는 인류를 약 1,080억 명으로 추산하는 미국 인구조회국에 비춰보면, 이는 지금껏 태어난 모든 사람당 이진법 기반의 0과 1의 디지털 정보 단위가 9.25925926의 9제곱 개에 이르는 양이다. 몇 년 혹은 몇 달 전만 해도 완전히 불가능했던 새로운 것을 일상적으로 접하게 되었다. 따라서 때때로 가슴이 답답해지는 것을 느껴도 당신은 겁쟁이가 아니다.

현대인은 모두 이런 엄청난 데이터를 형성하는 데 기여하고 그것을 이용해 왔으며, 이제는 새로운 변화의 문턱에 다다랐다. 옥스퍼드 영어 사전에서는 경계성을 '한 개인의 인생에서, 특히 의식이나 통과 의례를 통해 문화적으로 구분된 단계에서의 과도기적 또는 중간 상태'라고 정의한다. 기술은 바로 지금, 이 순간 우리를 문턱 너머로 인도하려고 하지만, 아직 미래를 경험하지 못했기에 혼란스러움을 느낀다. 또한, 미래에 차지하게 될 위치에 관하여 고민하는 상황에 처해 있다.

매 순간 이전보다 더 많은 데이터가 생성된다. 매분 사망하는 사람보다 태어나는 사람이 두 명 더 많으며, 이들 모두는 정보를 생성한다. 나는 알고리즘 기반 시스템이 60초마다 전 세계 데이터 코퍼스corpus에 무엇을 추가하고 있는지를 아는 척조차 하지 못할 것이다. 물론 보잘것없는 우리 인간은 말할 것도 없고 어느 한 기계도 이 모든 데이터를 퀀텀 컴퓨팅quantum computing(양자역학의 원리에 따라 작동되는 미래형 첨단 컴퓨터)이 가능할 때까지는 처리할 수 없다. 그러므로 우리를 편안하게 만들고, 기존 시각을 유효하게 하며, 주변의 사회에 대한 인식을 강화하는 것을 선택하는 경향이 있다. 나도 이것에 책임이 있다는 것을 안다. 당연히 이러한 경향은 우리가 다른 모든 것을 무시할 수 있도록, 어쩌면 무시하도록 부추긴다. 이는 그 많은 정보를 분석하려면 엄청난 노력이 필요하며 앞으로 마주하게 될 방대한 정보가 분명 우리를 불편하게 할 수 있기 때문이다. 1914년 뉴멕시코에서 뉴햄프셔까지 모든 사람이 졸틴 조 Joltin' Joe(조 디마지오Joe DiMaggio의 별명)가 오늘 안타 행진을 계속 이어 갔는지를 묻던 때와 같이 소수의 매체만 존재해 상호적 문화 행사를 통해 국가적 대화가 펼쳐졌던 시대는 지나갔다. 또한, 스마트폰 화면을 터치하면 우리가 즐기는 모든일이 바로 나타나기 때문에 우리의 정신적 지평을 넓히는일도 매력을 잃었다. 이미 가지고 있는 견해를 정당화해 주는 기계를 가질 수 있는데 한정된 에너지를 새로운 아이디어를 처리하는 데 써야 할 이유가 어디에 있겠는가?

테크스플로션(TECHSPLOSION)

2007년에 콘텐츠 생성 도구는 콘텐츠 소비 도구로 대체되었다. 힘의 균형이 이제 주요 기업에서 개인에게로 이동하면서 거대한 언론 민주화는 브랜드 스케이프를 영원히 바꿔놓을 것이다. 하루아침에 이들을 집어삼킬 무한한 콘텐츠 채널과 장치가 생겨났다. 특히 가장 주목할 만한 사건인 애플이 아이폰을 출시한 때가 얼마나 마법과 같은 해였고 변곡점이 되었는지를 생각해 보라. 애플이 스마트폰을 처음으로 출시한 것은 아니었지만, 아이폰의 처리 능력, 저장 공간, 다양한 기능, 앱 생태계는 모바일 혁명의 진정한 첫 총성을 올린 것으로 인정받고 있다. 6월에는 드롭박스^{Dropbox}가 설립되면서 빠르고 안전한 디지털 협업이 크게 발전할 수 있었다. 같은 해 구글은 전 세계 90퍼센트의 스마트폰에서 구동되는 운영 체계인 안드로이드를 막 제공하려 하고 있었고, 불과 10개월 전에는 16억 5천만 달러에 유튜브를 사들여 지구상의 모든 사람에게 자신만의 TV 채널을 선사하며 동영상을 통해 창의성을 마음껏 발휘할 수 있게 했다. 마지막으로 같은 해 11월, 아마존은 전자책 단말기를 출시하여 출판업계에 되돌릴 수 없는 혁명을 일으켰다.

이 모든 발전이 인터넷 기술 발전에 있어 중대한 해인 2006년 이후에 시작되었다는 점을 주목해야 한다. 이 해에 페이스북과 트위터가 생겼고, 아마존 웹 서비스^{AWS}가 등장했으며(9년 후 〈디 애틀랜틱^{The Atlantic}〉잡지는 "AWS가 현재의 기술붐을 가능하게 한 인프라라고 말할 수 있습니다."라고 말했다), 아파치^{Apache}는 방대한 비정형 데이터를 처리하도록 설계된 오픈 소스 유틸리티 제품군 하둡^{Hadoop}(클라우드 컴퓨팅 성장에 매우 중요한 역할을 했다)을 선보였다.

24개월 만에 미디어 세계의 프랙털 기하학이 100배 증가했고, 온디맨드On-Demand 서비스가 사회 전반에 확고히 자리잡으며, 24나노초 단위의 뉴스 생산과 우리를 유혹하는 에코 챔버(소셜미디어 등을 통해 인터넷 사용자가 선호하는 정보를 필터링해 제공하는 상황)의 집단이 생기게 했다. 동시에 즉각적인 만족이 규칙이 되고, 대중을 대상으로 통일화된 마케팅을 벌이는 것의 종지부를 찍는 일에 기여했다. 이어서 장치와 알고리즘으로 인해 커뮤니티의 분열이 생겨났고, 구매 데이터와 행동 데이터에 기반한 알고리즘의 도움으로 광고주들은 시청자들을 다시 한데 모은다.

우리가 현기증을 느끼는 것도 당연하다. 10년이 지난 후에는 기술이 다른 기술과, 사람들이 다른 사람들과, 그리고 사람들이 기술과 결합하면서 개발 주기가 점점 더 짧아지게 된다. 그러므로 프로세서의 물리적 한계를 향해 속도를 높이게 된다. 1965년 인텔Intel의 공동창업자 고든 무어Gordon Moore는 백서에서 반도체 회로 내의 트랜지스터 수가 2년마다 두 배 증가하는 반면 가격은 절반으로 하락할 것으로 전망했다. 언제까지 계속되는 것은 아니지만, 폰 노이만Von Neumann 병목현상으로 알려진, 즉 오늘날의 컴퓨터 아키텍처가 데이터 전송률에 대한 프로세스의 능력으로 인해 한계에 다다를 때까지는 그럴 것이다. 퀀텀이나 신경구조와 유사한 컴퓨팅, 그 밖의 다른 것이 개발될 때까지는 계속해서 칩의 한계에 가까이 갈 것이다. 50년이 넘는 기간 동안 처리 능력이 두 배로 늘어나는 것에 대해 알았다면, 우리가 정확히 이 지점에 도달한 사실에 얼마나 깜짝 놀라는지 궁금할 것이다.

새롭지만 익숙한 오디세이

이 책은 2018년 4월에 쓰기 시작했는데, 저자 아서 C. 클라크^{Arthur C. Clarke}와 스탠리 큐브릭^{Stanley Kubrick}이 함께 제작한 SF 영화의 걸작 〈2001: 스페이스 오디세이^{2001: A Space Odyssey}〉가 개봉한 달로부터 50년이 지났다. 영화에서 우주선의 작동은 '오류를 일으킬 수 없는' 컴퓨터인 할 900^{HAL 9000}이 관리한다. 클라크가 'IBM' 앞의 세 알파벳에서 따서 할의 이름을 지었다는 말도 있었지만, 큐브릭은 '할^{HAL}'이 경험적 알고리즘^{heuristic and algorithmic}의 약어라고 반박했다. 영화를 아직 보지 못한 사람들을 위해 영화 내용을 말하는 대신 인간이 스스로 결정을 내릴 수 있는 기술을 만들어 냈고, 이로 인해 우주선에 탑승한 사람들이 위험에 처할 수도, 그렇지 않을 수도 있다고만 말하기로 하자. 진정한 천재인 클라크가 연도를 잘못 생각했던 것일까? 2001년이 아니라 2007년을 택해야 했을까?

나는 이 모든 일이 진정으로 좋은 의도에서 생긴 일이
라고 믿는다. 인간이 하는 일이 바로 그것이다. 우리는 상
황을 개선하려고 한다. 때로는 의도하지 않은 결과를 불러
오기도 하지만 삶을 편리하게 만들기 위해 끊임없이 새로
운 것을 만들어 낸다. 2000년대 중반의 기술적 진보는 상
호연결성 없이는 어떤 바이트도 생성하지 못한다. 당신의
나이에 따라 다르겠지만, 아마도 우리 시대의 가장 영향력
있는 기술 개발의 원천인 인터넷을 이미 알고 있을 것이다.
그렇다면 인터넷이 없는 생활에 대해 전혀 알지 못하는 몇
몇 어린 독자들에게 아래 설명을 하는 동안 잠시 양해해 주
길 바란다.

미군 고등연구계획국$^{\text{Advanced Research Projects Agency, ARPA}}$에서
시작한 아르파네트^{ARPANET}(미 국방부가 개발한 인터넷의 모체)는
1969년 4대의 대학 컴퓨터에 구현된 보잘것없는 패킷교
환 네트워크였다. 1971년 고등연구계획국에 '방위^{Defense}'
라는 단어가 추가되었기 때문에 '다르파네트^{DARPANET}'라는
말은 분명 들어본 적이 있을 것이다. 개념은 명쾌하다. 정
보를 '패킷'이라고 하는 작은 조각으로 쪼개어 서로 다른
경로에 개별적으로 퍼뜨려 목적지에서 처음의 통합된 형
태로 재구성하는 것이다. 국가적 위기 상황이나 전쟁에서
쉽게 해킹당할 수 있는 하나의 전용 회선을 사용하는 대신
여러 개의 통신회선을 통해 애그노스틱^{agnostic}(작동 시스템에

대한 지식 없이도 기능을 수행할 수 있게 하는 기술) 방식으로 군이 정보를 주고받을 수 있게 만들기 위해 고안되었다. 네트워크 회선이 끊어지면 패킷은 항상 목표에 이르는 수천 개의 다른 경로를 갖게 된다.

1980년대 다르파네트의 개발은 그 당시 새로 생긴 방어 데이터 네트워크^{Defense Data Network}와 NSFNet^{National Science Foundation Network}라는 학술 및 과학 컴퓨터의 프레임워크로 이전되었다. 1990년대 중반까지 NSFNet은 vBNS(웹의 '근간')를 AGIS-Net99, ANS/AOL, MCI, PSINet, 스프린트, UUNET 등의 제공업체와 상용 통신사 그룹에 차례로 넘겼다. 오늘날 우리가 알고 있는 인터넷은 1991년에 일반인에게 공개되었고, 당시에 과학자들은 14.4 보드 모뎀과 애플 쿼드라^{Apple Quadra}를 가지고 있는 나와 같은 사람들에게 열쇠를 던져 주었다. 이 인터넷을 활용해 나는 1995년 오하이오주 콜럼버스에서 처음으로 영 아이작^{Young Isaac}(고이 잠드소서!)이라는 광고 기획사의 웹 부서에서 초보 카피라이터로 일을 시작했다.

대학을 졸업하기 2년 전에는 '인터넷^{Inter-Net}'을 1시간 동안 사용하는 프로그램에 등록했었다. 인터넷을 사용하려면 인터넷 작동 방식과 프로토콜 및 기본 에티켓을 설명해 주는 정보기술 대학원 조교와 동행해야 했다. 조교는

흐린 녹색 커서가 천천히 깜박이며 기다리고 있는 연구실의 넥스트 컴퓨터^{NeXT Computer}(스티브 잡스가 애플을 퇴사한 후에 설립한 회사의 컴퓨터)로 나를 데려갔다. 나는 처음으로 두 대의 로봇이 으르렁거리는 전화 연결음을 들으며 CRT 모니터에 스캔 라인별로 인터페이스가 나타나는 것을 보며 느꼈던 흥분된 감정을 결코 잊지 못할 것이다.

"뭘 하고 싶니?" 내 인솔자가 물었다.

"뭘 할 수 있죠?"

"음, 우선"

그가 컴퓨터광 특유의 단조로운 음성으로 말했다.

"똑같은 소프트웨어를 사용하는 다른 대학의 사람들에게 메시지를 보낼 수 있어."

"지금 바로요?" 내가 불쑥 내뱉었다.

그는 빙그레 웃었다. "응, 지금 당장."

'아! 내가 하고 싶은 게 바로 이거야.'라고 생각했고, 그 뒤 50분 동안 위스콘신주의 한 학생과 대학 축구에 관한 쓸데없는 얘기를 하며 시간을 보냈다. 나는 그날 하루 종일 눈을 한 번도 깜박이지 않은 것 같다. 너무 놀라 정신을 차릴 겨를도 없이 인터넷에 푹 빠져들었다. 한 달 후면 광고학 학위를 받게 되지만, 인터넷이 다음 개척지가 되어야 한다는 생각만이 머릿속을 가득 채웠다. 아직 아무도 이

'가상 세계'의 광고 사용 사례에 관해 말하는 사람이 없었지만, 당시에도 그것은 나에게는 분명해 보였다. 이후 와이어드^{Wired}와 인터넷, 그 밖의 잡다한 기술 신문 등을 탐독하며 가능한 한 많은 지식을 쌓기 시작했다.

부모님께 졸업 후에 '컴퓨터 광고' 일을 하고 싶다고 말했던 그해 여름이 기억난다. 25년이 지난 지금은 이제 인터넷의 초창기 시절을 앤디 그리피스^{Andy Griffith}(미국의 배우로 60년대 자신의 이름을 내건 코미디 시트콤 〈앤디 그리피스 쇼〉가 유명하다)의 에피소드처럼 느껴지게 하는 기계, 네트워크, 전환 기술의 발전이 광고 예산의 직접적인 결과로 나타나게 될 줄은 몰랐다. 오늘날의 웹에는 과거 라디오와 TV의 30초 광고처럼 구식의, 짜증나는 팝업 배너가 있다. 미국과 세계 각지에서 사람들의 이목을 끄는 콘텐츠가 생기면 이것에 돈을 지불하는 광고나 구독 비용이 생긴다. 당시 나에게 전망이 매우 밝아 보였던 분야가 결과적으로 10년이 채 지나지 않아 큰 규모로 실현되었다. 광고의 대부분은 물건을 팔기 위해 만들어졌고, 이는 아르파네트와 아메리카 온라인^{America Online, Inc., AOL}만큼이나 미국적이다.

과거와 현재의 초고속 정보 통신망

알고리즘으로 다시 돌아가 보자. 이곳 미국의 광고주들이 그들의 상품을 팔기 위해 급성장하는 디지털 환경에 뛰어들면서 광고 캠페인의 성과 추적과 효율성 극대화가 연구 개발의 목표가 되기까지는 그리 오래 걸리지 않았다. 1996년에 넷스케이프^{Netscape}의 엔지니어가 쿠키를 발명했고, 2년 후에는 광고 회사인 더블클릭^{DoubleClick}이 자동 광고 리타기팅^{retargeting}(온라인상에서 사용자의 검색 기록 및 방문 경로 등을 기반으로 각각 다른 광고를 내보내는 광고 형태)의 첫 사례로 꼽히는 부메랑^{Boomerang}을 출시했다.

말 그대로 나는 이런 변화의 한 가운데 있었다. 더블클릭은 초창기에 내가 뉴욕에 위치한 독립 에이전시 디지털 펄프^{Digital Pulp}에서 보조 크리에이티브 디렉터로 일할 때의 클라이언트였다. 더블클릭은 광고 노출을 통해 계속해서 클릭하도록 웹에서 사람들을 끌어올 수 있게 되면서 수익을 벌어들였고, 구글이 최종적으로 인수함으로써 작은 광고 기술 회사에서 거대한 조직으로 성장했다. 광고 수익으로 큰돈을 번 또 다른 사례다.

오늘날 리타기팅은 대부분의 웹 사용자에게 골칫거리다. 특히 라이브램프^{LiveRamp}와 같은 회사에서는 머신러닝을 활용해 이러한 광고 전략을 쓰고 있기 때문에 더욱 그렇다. 사람들은 그들이 온라인에서 무엇을 하는지 '알고 있는' 광고의 '섬뜩함'에 대해 불평한다. 나중에는 끊임없이 다시 나타나는 배너에 거부감을 느끼며, 다시는 해당 사이트에서 쇼핑하지 않겠다고 다짐한다. 이는 잘 알려진 브랜드와 이런 브랜드를 소유한 기업에 대한 고객의 불신이 커지고 있는 여러 현상 중 하나에 불과하다. 미국 재계의 강력한 자금원은 기본적으로 다음과 같이 말하고 있다. "이것은 인터넷입니다. 우리가 모든 돈을 소유하고 있죠. 인터넷을 쓰고 싶다면 우리의 요청을 따르고 이윤을 목적으로 계속해서 변하는 정책을 따라야 합니다." 이러한 브랜드는 개인 정보를 이용해 우리를 성가시게 하여 두 손을 들게 만들고 형편없는 물건을 사게 만든다. 대부분의 사람들은 이것을 이해하지도 고마워하지도 않으며, 그냥 체념하고 받아들인다. 이는 누구와 싸워야 하는지 모르기 때문이다.

우리를 표적 시장[target market](기업의 마케팅 계획의 표적이 되는 고객군(群))으로 여기는 기업의 태도가 이러한 기술뿐 아니라 이윤 추구와 종종 이기적 충동을 목적으로 기술을 활용하는 브랜드 소유주에까지 많은 의혹의 시선을 보내는 데 일조하고 있다. 1999년 11월 30일 세계무역기구[WTO]가 새 천년을 눈앞에 두고 무역 협상을 벌이기 위해 회의를 소집하자 시애틀 시내의 워싱턴주 컨벤션 무역센터 밖으로 무려 4만 명의 시위대가 몰려들었다. 그 뒤 대혼란이 일어났다. 준군사적 진압 장비를 착용한 소규모 부대가 방독면을 쓴 시위자들에게 고무탄을 쏘고 후추 스프레이를 뿌리는 모습은 나를 포함한 많은 사람에게 큰 충격을 주었다. 전 세계의 조직원들이 몇 개월 동안 계획한 이 시위는 세계화로 인한 불확실성 증가와 세계를 효율적으로 통제하고 있는 비밀스러운 대기업과 정부, 은행에 대한 반발로 촉발되었다. 12년 뒤에는 월가시위$^{Occupy\ Wall\ Street}$가 일어났다. 이는 2011년 빈부격차의 심화와 금융기관의 부도덕성에 반발해 미국 월가에서 일어난 시위로, 미국 전역으로 확산되었으나 뚜렷한 목표를 제시하지 못한 채 73일 만에 막을 내렸다. 뉴욕 금융가의 주코티^{Zuccotti} 공원을 점령하고 소득 불평등에 항의하며 '우리는 99퍼센트다.'라는 슬로건을 전 세계에 외쳤다. 대기업과 이들의 유명 브랜드가 공격의 주된 타깃이 되었다.

이 두 시위는 이미 오래전에 해산됐지만, 강한 불신의 기류는 여전히 남아 있다. 당신의 부모님에게 비타민을 광고하기 위해 만든 기술은 혐오 발언과 가짜 뉴스를 확산시키는 데 사용하는 기술이기도 하다. 알고리즘은 연산 능력이 매우 뛰어나지만, 공감을 나타내는 행동은 전혀 하지 못한다. 답을 제시하지만 질문은 전혀 할 수 없게 설계

되었다. 알고리즘이 오류를 일으킬 경우, 가령 아마존의 코드 문자열이 과도한 실행 인수로 인해 잠시 잠기면서 삼성 벽걸이 TV가 1조 달러에 올라와 있던 일과 같이 큰 피해는 일으키지 않을 수도 있다. 아니면 FBI의 안면 인식 소프트웨어가 무고한 사람을 감옥에 보내는 데 활용되는 것처럼 아주 위험한 결과에 이를 수도 있다. 때때로 우리는 자신의 삶을 통제할 수 없다고 느끼며, 엄청나게 부유한 사람들과 조직이 자신들의 이익을 위해 우리에게 해가 되는 결정을 내릴 것이라고 생각한다. 클라우드에서 몇몇 제페토 Geppetto(소설 피노키오의 모험에서 피노키오를 만든 조각가) 데이터 마스터가 정보를 조작하는 것은 말할 것도 없다. 정확하든 그렇지 않든 뉴스에서는 우리가 자신의 삶에 관한 정보에도 통제력을 가지지 못한 채, '그들'이 '우리'에 대해 알고 있는 사실에 관한 보도가 쏟아지고 있다.

이런' 의심의 도가니에 빠지는 것을 막을 유일한 방법은 다른 무엇보다 고객의 브랜드 커런시를 인식하고 이것을 지키는 것이다. 이를 위해 이제 내가 화폐, 정보, 충성도, 시간의 분야에서 최고의 영예를 얻었다고 생각하는 브랜드에 대해 살펴보기로 하자.

2장

내가 아마존에서 배운 것

"사람을 자신 있게 만드는 것은 거울이 아니라 목소리다."

—엉클 밀트

나는 아마존에서 일을 제대로 처리할 수 있기까지 꼬박 2주가 걸렸다. 광고 에이전시 분야에서 이직했기 때문에 나는 고객의 요청에 먼저 승낙하고, 그 후에 고객의 요구를 어떻게 이행해야 할지를 생각하는 것에 익숙해 있었다. 이 때문에 언제나 긍정하는 말로 시작했다. 따라서 주요 금융 서비스 고객이 ADX에 그들이 후원한 고객 경험 전반에 걸쳐 자신들의 로고를 더 크게 해 달라고 요청했을 때 나는 흔쾌히 받아들였다. 나는 해당 광고 캠페인을 담당한 디자이너에게 수정 후 시애틀의 제품 담당 책임자에게 제출할 것을 요청했다. 약 10분이 지나자 전화가 한 통왔다.

"스티브, 지금 뭘 하고 있는 겁니까?"

"저, 고객의 요청대로 로고를 20퍼센트 확대하고 있는데요?"

"음, 확실히 하는 게 좋을 거예요."
그녀가 쏘아붙였다.
"이건 디지털 에이전시의 라라랜드가 아니에요. 핀서브 FinServ와 같은 중요한 고객이 로고를 크게 만들어 달라고 요청하면, 당신은 '제품 소유주와 상의해 볼게요.'라고 말해야합니다. 당신은 고객 경험을 엉망으로 만들고 있어요. 이제고객에게 다시 연락해 안 된다고 말하세요."

너무 놀라 눈을 크게 뜬 채 3초간 아무 말도 못 하고 앉아 있자 그녀의 숨소리를 들을 수 있었다.
"좋아요. 이 문제에 대해 사과드리죠. 저는 그냥…"

"당신이 무슨 생각을 했는지 알아요."라고 말하며 그녀는 "시정하세요."라는 말만 남기고 전화를 끊었다. 뒤이어 신호음이 이어졌다.

이것이 매니저와 처음 나눈 대화였고, 강렬한 첫인상을 남겼지만, 이 일은 자극이 되어 내 경력에 전환점이 되었다. 다시 말하자면, 고객에게 그들의 요구를 들어줄 수 없다고 말하라는 것이 아니다. 고객의 요구를 어떻게 이행해야 할지를 생각한 후, 고객의 요청을 승낙해야 한다는 것이다. 다른 곳에서는 해고통지서를 받게 되겠지만, 아마존에서는 아니다. 이곳에서는 고객 경험에 대한 헌신이 전부다. 그래서 나는 내 고객에게 전화를 걸어 로고를 확대하지 않을 것이라는 점을 알려야 했다. 그들이 나의 말에 그렇게 크게 놀라지 않았던 것을 기억한다.

고객, 어디서나 고객

아마존에서는 다양한 도메인을 방문하는 수백만 명의 쇼핑객과 시청자, 청취자, 독자뿐 아니라 모든 사람이 당신의 고객이다. ADX의 주된 내부 고객은 아마존 미디어 그룹의 영업 팀원이다. 외부 고객과 마찬가지로 상사도 당신의 고객이다. 회계책임자와 프로젝트 매니저도 고객이다. 전화로 나에게 한바탕 잔소리를 늘어놓은 매니저도 마찬가지다. 당신이 회사 직원으로 고객 서비스나 고객 만족 센터를 방문하면 당신이 건물에 있는 한, 그곳 직원들도 당신의 고객이다. 아마존의 전체 문화는 스스로를 낮추는 예속 문화가 지배하고 있다. 동료와 고객의 피드백은 매일 작성하는 보고서와 6개월마다 시행되는 성과 검토의 구성 요소인 고객의 소리^{Voice of the Customer, VOC}로 기록된다. 이는 관리 시스템 콜센터에 접수되는 고객불만사항을 접수부터 처리가 완료될 때까지 처리 상황을 실시간으로 관리한다. 또한, 처리 결과를 관서별로 지표화하여 관리·평가함으로써 고객의 체감서비스를 향상시키는 고객관리시스템을 말한다. 일반적으로 고객의 소리는 측정 항목에 들어가기 전에 부록보다 앞서 이러한 문서의 최종 항목으로 제공한다.

당신의 회사는 고객의 말을 이처럼 열심히 듣고 있는가? 솔직히 말하면 아마존에 버금가는 다른 기업을 본 적이 없다. 고객의 소리를 수년간 접한 후에 든 생각은 기업에는 '거울 회사'와 '창문 회사'가 있다는 것이다. 현상을 유지하는 조직은 다음 목적지를 찾기 위해 거울을 들여다보지만, 그 밖의 소수의 기업은 창밖의 고객을 바라본다. 거울은 자신을 중시하는 것이고, 창문을 자신을 낮추는 것이다.

앞서 언급한 문서에 관해 간략히 언급하려고 한다. 아마존 CEO인 제프 베조스는 문서 활용을 의무화하고 있다. 단순하게 키워드만 나열한 파워포인트보다 완전한 문장으로 이뤄진 문서가 의미 전달에 훨씬 더 효과적이라고 여기기 때문이다. 서술형 문서는 아마존 전체의 주된 소통

방식이며, 아마존에서는 일부러 이 방식을 고집하고 있다. 제프 베조스는 대부분의 기업에서 광범위하게 사용되는 파워포인트 프레젠테이션을 무척 싫어해 초기부터 필요한 내용의 분량에 따라 짧으면 1~2페이지나, 길면 6페이지 분량의 문서로 파워포인트를 대체하기로 결정했다고 한다. 참석한 사람들이 모두 똑같은 자료를 동시에 읽기 때문에 모든 경영진 회의는 아주 조용한 침묵으로 시작한다. 이따금 2시간 길이의 분기별 사업 검토를 할 때면 45분 동안 읽기도 한다. 이러한 문서에는 고객과 내부 운영, 직원 수^{Butts in Seats, BIS}, 중요한 비즈니스 사항, 고객과 직접 관련이 있는 그 밖의 모든 사항이 주를 이루고 있다. 이런 방식으로 모든 사람은 최신 정보를 파악한 상태에서 회의에 임해 남은 회의 시간을 최대한 효율적으로 활용할 수 있게 한다. 콘퍼런스콜에 전화를 걸어서 아무도 받지 않지 않으면 재빨리 전화를 끊어야 한다. 또한, 모든 사람이 정확히 동시에 최신 정보를 접할 수 있도록 회의 시작 바로 전에 발송하는 자료를 읽는 것은 필수다. 이러한 관행은 아마존을 차별화하는 여러 사소한 요소 중 하나일 뿐이다.

아마존의 짧은 역사

지구에서 가장 큰 강의 이름을 딴 이 특이한 기업의 스토리를 잘 모를 경우를 대비해 아마존의 역사를 간략히 요약해 보려고 한다. 뉴욕에 위치한 투자회사 D.E. 쇼우^{D.E.} ^{Shaw}에 근무하는 동안 제프 베조스는 90년대 초에 초기 웹 메일 서비스 주노^{Juno}와 전자상거래의 원조 격인 파사이트 금융서비스^{Farsight Financial Services} 개발을 주도하고 나서 '모든 것을 파는 상점^{The Everything Store}'에 관한 생각을 구상했다. 이러한 사업을 구체화하는 데 몰두하면서 베조스는 1994년 〈매트릭스 뉴스^{Matrix News}〉라는 소식지에서 월드 와이드 웹^{World Wide Web}의 놀라운 성장 속도를 보여주는 자료를 읽게 되었다. 인터넷에서 바이트 전송이 네 자릿수의 비율로 증가함에 따라 그는 웹 활동이 지난 12개월 동안 23만 퍼센트나 증가했다고 계산했고, 나중에 알려진 얘기로는 "그렇게 빨리 성장하는 것은 있을 수 없는 일이야."라고 말했다고 한다.

우리는 이제 베조스가 정확히 옳았다는 것을 안다. 인터넷의 놀라운 가능성을 재빨리 확신한 그는 고액 연봉직을 그해 중반에 박차고 나와 뉴욕을 떠났다. 너무 빠르게 일어난 일이라 어디로 향해야 할지 몰랐다. 따라서 그는 이사업체에게 어퍼 웨스트 사이드 아파트에서 짐을 꾸리고 정확한 목적지를 알릴 때까지 서쪽으로 짐을 모두 싣고 가고 있으라고 말했다. 그러고 나서 그는 부인 매켄지^{MacKenzie}와 함께 포트워스로 가는 비행기에 올랐고 아버지의 88년형 셰비 블레이저^{Chevy Blazer}를 빌렸다. 그가 조수석에 앉아 엑셀 문서에 사업계획서를 작성하는 동안 그녀는 운전대를 잡고 북서부를 향해 차를 몰았다.

그들은 기술 인재가 모여 있는 시애틀로 목적지를 정했다. 레드몬드에 있는 마이크로소프트의 본사가 워싱턴 대학의 컴퓨터공학과와 불과 약 17킬로미터 거리에 자리하고 있었다. 게다가 워싱턴의 인구는 상대적으로 적어 판매세도 낮았다. 제프 베조스는 31살이었고, 매켄지는 24살이었다.

벨뷰의 교외에 도착하자 이들은 단열 처리가 안 된 차고를 사무실로 개조했는데(미국의 모든 기술 회사의 성공 스토리에 빠져서는 안 되는 필수 항목이다), 베조스가 홈디포^{Home Depot}에서 구입한 60달러짜리 금색 나무문으로 만든 두 개의 책상을 배가 불룩한 난로 주위에 놓아둔 것으로 유명하다. 오늘날까지 아마존의 모든 책상은 같은 나무로 만들어지며 이것을 '문짝 책상'이라고 부른다.

모든 것을 파는 상점이라도 어떤 무언가로 먼저 시작해야 할 것이다. 베조스는 소프트웨어, 음악, 사무용품 등 20개의 품목을 분석했지만, 운송하기 쉬운 완전한 상품인 책을 팔기로 했다. 시애틀의 또 다른 장점은 업계 최고의 두 도서 물류센터 중 하나인 인그램^{Ingram}이 오리건주 로즈우드에서 차로 6시간 거리에 인접해 있는 것이었다.

나머지 스토리는 아마존의 역사다. 이런 변변찮은 시작에서 아마존은 이 책을 쓰고 있는 시점에 1,617억 달러로 추산되는, 지금까지 개인이 축적한 가장 큰 부를 일구어 냈다. GE의 경우를 다시 생각해 보자. GE는 2007년 조정된 달러 가치로 380억 달러에 이르는 자산을 소유한 금융계의 거물 존 피어폰트 모건의 전폭적인 지원을 받았다. 베조스는 Cadabra.com으로 시작한 사업의 첫 자금을 자신의 1만 달러로 자금을 조달했고, 그 뒤에는 무이자 은행 대출로 8만 4,000달러를 대출했다. Cadabra는 전화상으로 '시체^{cadaver}'로 오인되는 경우가 많아 다행히도 이 이름은 사용되지 않았다.

어떤 인용에서 이 두 회사의 엇갈린 궤도를 잘 설명하고 있다. 젊은 기업가들이 존경하는 컴퓨터 과학자 앨런 케이$^{Alan\ Kay}$는 이렇게 말했다. "관점의 차이는 IQ80의 차이에 준한다." 아마존에 다니는 동안 나는 이 말을 계속해서 들었는데, 이 말은 분명 제프 베조스의 내면에 큰 울림을 주었을 것이다. 나에게 이 말은 고객이 당신의 목표를 옳다고 믿고, 그것을 뒷받침할 자료가 있으며, 어떤 일이 있어도 포기하지 않는다면 합리적인 지성을 가진 사람에게 성공은 거의 확실히 보장된다는 것을 의미한다.

이것에 대해 딱 들어맞는 사례가 있다. 1995년 베조스는 화가 난 출판사 간부로부터 편지를 한 통 받았다. 편지에서 그는 출판사의 책에 관해 고객이 부정적인 리뷰를 작성할 수 있게 한 것에 대해 베조스를 비난하고 있었다. 로고를 더 크게 만들려는 나를 못마땅해했던 제품 매니저가 그랬던 것처럼 베조스도 짜증과 무관심으로 똑같이 반응했을 것이다. 일반적인 사업가라면 그의 회사의 성장을 좌우할 파트너를 실망시켰다고 생각하는 것이 당연하겠지만, 핀서브의 사례와 마찬가지로 아마존은 고객보다 다른 회사를 우선할 생각이 전혀 없다. 당신은 이 원칙에 대한 예를 이 책 전반에서 보게 될 것이며, 나는 이러한 원칙이 변할 것이라고 생각하지 않는다. 스스로에게 물어보라. 내가 다니는 회사의 CEO라면 어떻게 할 것인가? 전화해서 사과할까? 아니면 단순히 무시해 버릴 것인가? '어떠한 희생을 감수하더라도 고객의 신뢰'를 얻는 것이 아마존의 궁극적인 성공 전략이다.

기분이 상한 출판사에게 아마존이 1997년 주주에게 보낸 첫 번째 편지를 읽을 기회가 주어진다면 자신들의 항의가 왜 헛된 일이었는지를 알 수 있었을 것이다. '중요한 것은 장기적인 관점입니다.'라는 제목의 편지에서 첫 번째로 그는 "우리는 앞으로도 끈질기게 고객에게 모든 초점을 맞출 것입니다."라는 자신의 원칙을 드러냈다. 여기서 가장 중요한 말은 '끈질기게'다. 아마존에서 이 말은 중단 없이, 당신이 제안하는 모든 방법에서라는 것을 강조한다. 이것은 기업의 사명을 말하는 것이 아니며, 결코 공허한 구호가 아니다. 이것은 주로 아마존에서 어떤 직원을 고용하고, 발전시키며, 육성하고, 해고할 것인지에 관한 문제다. Cadabra를 내리고 Amazon이 결정되기 전에 베조스는 회사 이름으로 Relentless를 고려했다. 더 확실한 증거를 위해 지금 당장 웹 브라우저에 Relentless.com을 입력해 보고 어디로 연결되는지 확인해 봐라. 그렇다. Amazon.com으로 다시 연결된다. 이 젊은 CEO는 코드를 처음 작성하기 전에 이것이 그의 사업 방식이 될 것이라는 것을 알고 있었다.

이러한 사고방식 외에 아마존에서는 경쟁사에 신경 쓰는 것이 문화적 금기다. 고객에게 집중할 수 있는 귀중한 시간과 에너지를 왜 경쟁사에 낭비하는가? 1997년 전체 회의에서 한 직원이 반스앤노블^{Barnes & Noble}(미국의 대형 서점 체인)이 아마존의 도서 판매에 반대해 제기한 소송에 관해 묻자 베조스는 이렇게 말했다. "어쨌든 경쟁사가 우리에게 돈을 보내는 일은 결코 없을 테니 그들에 관해서는 신경 쓰지 마세요. 고객을 생각하고 고객에만 집중하도록 합시다." 내가 느끼기에는 아마존에서는 경쟁사의 이름을 언급하는 것만으로도 나약함을 나타내는 표시로 여기는 것 같앉다. 직장에서 당신은 경쟁자에 대해 걱정하거나 혹은 그들을 모방하는 데 얼마나 많은 시간을 보내고 있는가? 어려운 말처럼 들리지만, 경쟁자가 있다는 사실을 잊는 일은 놀라울 정도로 쉽다. 당신의 시각을 가능한 한 고객 쪽으로 확대하고, 경쟁사와 주주, 그 밖의 모든 방해 요소가 프레임 밖으로 사라지는 것을 지켜보라.

2011년 5곳의 대형 출판사가 9.99달러에 판매하는 아마존의 전자책에 대해 소송을 제기했다. 그들의 기준에서는 아마존이 너무 큰 폭의 할인을 제공한다는 것이었다. 법률회사 하겐스 버만Hagens Berman의 변호사 스티브 버만Steve Berman은 "출판사에는 다행스럽게도 아마존의 인기와 가격 구조에 대해 이들만큼이나 위협을 느끼는 공범자가 있었죠. 바로 애플이었습니다."라고 비난했다. 여기에는 아마존의 독특한 고객 지향이 나타나 있기에 나는 이 말을 무척 좋아한다. 이 출판사들, 심지어 강력한 애플조차도 고객에게 아마존의 '인기'가 높아지자 위협을 느꼈다. 아마존에 대한 소송은 곧 취하되었고, 당시 미 법무부는 공모에 가담해 연방독점금지법을 위반한 것으로 판단되는 출판사와 애플로 그들의 타깃을 바꿨다. 2016년 애플은 결국 합의의 일환으로 4억 5천만 달러를 지불하라는 명령을 받았다. 2013년 4월 11일 〈워싱턴 포스트The Washington Post〉 기자 일란 큐 무이Ylan Q. Mui와 헤일리 쓰카야마Hayley Tsukayama는 "정부는 업계가 급격한 기술 변화와 온라인 유통업체와의 치열한 경쟁 속에서 수익을 얻기 위해 필사적으로 노력하는 상황을 묘사했다. 전화 통화와 이메일을 교환하고, 뉴욕의 고급 레스토랑에서 저녁을 함께 먹으며 이들 기업의 고위 간부들은 아마존의 시장 지배력을 빼앗고 전자책의 가격을 올리기 위해 서로 공모했다."라고 보도했다. 나는 공모자들이 최소한 서프 앤 터프^{surf and turf}(바닷가재나 새우 등의 해산물과 육류가 함께 나오는 요리)를 주문했기를 바란다.

아마존이 가진 독특함

아마존은 자신들이 특이하다는 것을 알고 있으며 이 사실을 전적으로 받아들인다. 실제로 아마존의 마스코트는 '독특한^{peculiar}'을 줄여 '페시^{Peccy}'라고 이름을 붙였다.

대다수가 정말로 흥미를 느끼는 것은 아마존의 광범위한 사업 분야다. 이로 인해 나는 ADX의 광고 및 역량 프레젠테이션을 다음과 같은 인사말로 시작한다. "아마존에 오신 것을 환영합니다. 아마존은 2시간 내에 바나나를 배송하고, 정부에 클라우드 컴퓨팅과 스토리지 서비스를 제공하며, 아카데미상을 3회 수상했습니다. 아마존은 평범하지 않습니다. 아마존의 창의적인 팀과 함께 하는 당신의 경험 역시 평범하지 않을 것입니다."

1994년에 혼다^{Honda} 자동차 뒷좌석에 주문받은 도서 패키지를 신고 벨뷰 우체국으로 차를 몰고 가던 회사가 어떻게 도서 분야뿐 아니라 겉보기에는 관련 없어 보이는 다른 많은 영역에서까지 주도적인 자리를 차지하게 되었을까? 답은 관점에 있고, 핵심어는 바로 '겉보기에는'이다.

'모든 것을 파는 상점'

FBA$^{Fulfillment\ by\ Amazon}$(온라인 쇼핑몰의 전체 업무 처리 과정을 하나로 통합 관리하여 지원하는 고객 주문처리 서비스)를 통한 수백만 개의 제품뿐 아니라 할 수 있는 거의 모든 제품 범주에서 수억 개의 품목을 취급하는 가장 중요한 온라인 판매 외에, 기본적인 품목에서부터 아마존의 포트폴리오 일부를 살펴보자. 음악, 영화, TV쇼와 마찬가지로 책은 아마존 북스$^{Amazon\ Books}$, 굿리즈^{Goodreads}, 오더블^{Audible}, 브릴리언스 오디오$^{Brilliance\ Audio}$, 에이브북스^{AbeBooks}, 아마존 뮤직$^{Amazon\ Music}$, 뮤직 언리미티드$^{Music\ Unlimited}$, 프라임 뮤직$^{Prime\ Music}$, 프라임 비디오$^{Prime\ Video}$ 등의 서비스에서 물리적, 디지털, 오디오 형식으로 제공된다. 이건 여러분도 잘 알고 있을 것이다.

그런데 아마존이 화물 및 물류 회사(아마존 에어$^{Amazon\ Air}$, 아마존 해상$^{Amazon\ Maritime}$, 프라임 에어$^{Prime\ Air}$, 베이징 센츄리 조요 배달 서비스$^{Beijing\ Century\ Joyo\ Courier\ Services}$, 아마존 라커$^{Amazon\ Locker}$, 앞에서 언급한 FBA), **식료품점**(아마존 프레시^{AmazonFresh}, 프라임 팬트

리$^{Prime Pantry}$, 홀푸드마켓$^{Whole Foods Market}$), 하드웨어 제조업체 랩 126^{Lab126}, 킨들^{Kindle}, 파이어 태블릿$^{Fire Tablet}$, 파이어 TV^{Fire} ^{TV}, 파이어 TV 스틱$^{Fire TV Stick}$, 대시 버튼$^{Dash Button}$, 대쉬 완 드$^{Dash Wand}$, 알렉사 디바이스$^{Alexa devices}$, 동영상 콘텐츠 제작 회사(아마존 스튜디오$^{Amazon Studios}$, 스토리빌더^{Storybuilder}), 클라우 드 컴퓨팅 제공업체(아마존 웹 서비스$^{Amazon Web Services}$, 아마존 드 라이브$^{Amazon Drive}$), 게임 설계 및 미디어 제공업체(아마존 게 임 스튜디오$^{Amazon Game Studios}$, 트위치^{Twitch}, 럼버야드^{Lumberyard}, 아마 존 디지털 게임 스토어$^{Amazon Digital Game Store}$), 로봇 회사(아마존 로 보틱스$^{Amazon Robotics}$, 키바 시스템즈$^{Kiva Systems}$), 검색 기술 개발업 체(A9), 광고회사(아마존 애드버타이징$^{Amazon Advertising}$)라는 것도 아는가? 아마존은 세계 최대 영화 데이터베이스(IMDb)와 클라우드 기반 만화책 가게(코믹솔로지^{ComiXology}), 온라인 신 발 쇼핑몰(자포스^{Zappos}) 등도 소유하고 있다. 또 3D 신체 스 캔(바디랩스$^{Body Labs}$)과 데이터 시각화 서비스(그래피크^{Graphiq}) 를 제공하고 온라인 약국(필팩$^{Pill Pack}$)을 운영하며, 스타트 업 육성 서비스(런치패드^{Launchpad})와 홈서비스(아마존 홈서비스 $^{Amazon Home Services}$)를 제공하고, 패션 브랜드(프랭클린앤프리맨 $^{Franklin \& Freeman}$, 프랭클린 테일러드$^{Franklin Tailored}$, 제임스앤에린$^{James \&}$ ^{Erin}, 라크앤드로$^{Lark \& Ro}$, 노스일레븐$^{North Eleven}$, 스카우트플러스로^{Scout} $^{+ Ro}$, 소사이어티 뉴욕$^{Society New York}$, 굿스포츠^{Goodsport}, 레벨 캐니언 $^{Rebel Canyon}$, 피크 벨로시티$^{Peak Velocity}$)를 소유하고 있는 것을 아 는가? 아마 몰랐을 것이다.

이 모든 서비스는 단지 일부에 불과하다. 심지어 신속 배송 서비스인 프라임 나우Prime Now는 아직 언급하지도 않았다. 디지털 조사기관 L2의 스콧 갤러웨이는 매주 교회에 가거나, 여전히 일반 전화를 쓰거나, 소화기를 가지고 있는 사람보다 아마존 가입자가 더 많은 것으로 예측했다. 이 모든 일을 어떻게 한 회사가, 게다가 생긴 지 25년도 채 되지 않은 회사에서 할 수 있을까? 더욱이 이 모든 사업의 공통점은 무엇일까? 간단하다. 이러한 서비스에는 모두 더 큰 만족을 제공할 고객이 있었다.

언론에서는 아마존을 연쇄 시장 교란자disruptor로 묘사하고 있지만, 아마존은 무자비한 승자독식 경쟁에서 다른 기업을 파괴하려고 하지 않는다. TV 시리즈 〈스타트렉: 더 넥스트 제너레이션Star Trek: The Next Generation〉의 팬은 거대한 검은 루빅 큐브를 닮은 외계 생명체와 기계를 결합한 사이버네틱 종족인 보그Borg족을 알고 있을 것이다. 보그족은 은하계를 배회하며 엔터프라이즈호를 제외한 마주치는 모든 것을 정복하고 동화시킨다. 이들은 희생자(우주선일 때도 있고 행성일 때도 있다)의 모든 지식과 무의식을 흡수하며, 이로 인해 더욱 강력해져 결과적으로 이들을 제지하는 일이 더욱 어려워진다. 영화 〈스타트렉: 퍼스트 콘택트Star Trek: First Contact〉에서 보그족은 선장 장뤽 피카드Jean-Luc Picard와 선원에게 다음과 같은 경고를 전송한다. "우리는 보그족이다. 보호막을 내리고 함선을 포기해라. 너희들의 생물학적, 기술적 특성을 우리가 흡수하겠다. 너희의 문화는 새로 조정돼 우리에게 편익을 제공할 것이다. 저항해 봐야 아무 소용이 없다."

일반적인 오해와 달리 아마존은 보그족이 아니다. 사실 나는 더 적절한 비유를 생각해 냈다. 아마존을 스마트폰으로 가정해 보라. 리더십 원칙은 운영 시스템이고, 프로그램은 특징과 기능이며, 목표는 앱이고, 고객은 배터리인 셈이다. 이 비유의 아이러니는 아마존의 파이어폰Fire Phone이 아마존의 가장 유명한 실패작이라는 것이다. 아마존은 데이터와 분석, 통찰을 이용하여 고객 경험이 개선될 수 있는 영역을 찾는다. 고객을 기업 전체 운영의 원동력으로 간주하면서 아마존은 배터리인 고객을 재충전하고, 더 오래 지속시키는 방법을 찾는 데 모든 노력을 기울인다. 아마존의 목표는 이렇게 간단하다. 아마존은 시장 교란자가 아니며, 그럴 일도 없을 것이다. 시장 교란자는 다른 기업들이 아마존이나 그들의 지배권을 빼앗는 모든 다른 기업을 가리키며 하는 말이다.

다른 기업들이 그들의 고객에게 최선을 다하지 않는 것이 아마존의 잘못은 아니다. 실제로 고객을 대신해 끊임없이 문제를 찾아내고 개선하는 일은 모든 회사의 주된 목표가 되어야 한다. 이것이 아마존이 존재하는 유일한 이유다. Relentless.com을 당신의 브라우저에 다시 입력해 보면서 생각해 보라. 고객에게 낮은 가격과 빠른 배송, 폭넓은 선택을 제공하는 것은 '분열시키는' 일이 아니다. 혼란을 일으키는 것은 바람 빠진 타이어와 여름 감기와 같다. 고객에게 편리함과 선택, 신뢰성, 낮은 가격의 제공은 상식에 맞는 일이다.

14가지 리더십 원칙

리더십 원칙의 첫 번째부터 시작해 보자. 아마존에서 실제로 근무한 적이 있는 사람에게는 여기에 있는 내용이 특별히 새로울 것이 없을 것이다. 기억이 나지 않거나 기억을 새롭게 되살리고 싶다면 아마존의 공개 채용 사이트에서 직접 가져온 내용을 여기에 담았으니 참고하길 바란다.

- **고객에 집착하라**

리더는 고객에서 시작해 아래에서 위로 올라가며 일을 진행한다. 리더는 고객의 신뢰를 얻고 유지하기 위해 끊임없이 노력한다. 경쟁자도 신경 쓰지만, 리더가 집착하는 대상은 어디까지나 고객이다.

- **주인의식을 가져라**

리더는 주인이다. 장기적 관점에서 생각하고 단기 이익을 위해 장기적 가치를 포기하지 않는다. 또 자신의 팀에 국한하지 않고 전사적으로 행동한다. 리더는 "그건 제 일이 아닙니다."라는 말은 절대로 하지 않는다.

- **발명하고 단순화하라**

리더는 팀이 혁신하고 발명하기를 기대하고 요구하며 항상 간소화할 방법을 찾는다. 또한, 외부 상황을 잘 알고 있으며, 모든 곳에서 새로운 아이디어를 얻고 '여기에서 개발한 것이 아니다(NIH 증후군, 타인이나 다른 조직에서 개발한 기술이나 연구 성과를 인정하지 않는 배타적인 조직 문화를 가리킨다).'라는 생각에 얽매이지 않는다. 리더는 새로운 일을 시작할 때 제대로 수용될 때까지 시간이 걸릴 수 있다는 점을 받아들인다.

- **리더는 옳다**

리더는 항상 옳다. 확고한 판단력과 뛰어난 직관을 갖추고 있다. 또한, 다양한 관점을 모색하며 자신의 신념을 맹신하지 않는다.

- **배우고 호기심을 가져라**

리더는 끊임없이 배우며 항상 스스로의 능력을 향상하려고 한다. 새로운 가능성에 호기심을 갖고 이러한 가능성을 탐구하기 위해 행동한다.

- **최고의 인재를 채용하고 육성하라**

리더는 모든 채용과 승진 과정에서 성과 기준을 높인다. 리더는 뛰어난 인재를 알아보고, 적극적으로 조직 전체에서 활용한다. 또한, 다른 리더를 육성하고, 다른 사람을 지도하는 코치로서의 자신의 역할을 진지하게 받아들인다. 아마존의 모든 구성원을 위해 경력 선택과 같은 성장 메커니즘을 창안한다.

- **최고의 기준을 고집하라**

리더는 많은 사람이 터무니없다고 생각할 만한 높은 기준을 끊임없이 추구해야 한다. 또 계속해서 기준을 높이고 자신의 팀이 높은 수준의 제품과 서비스, 프로세스를 제공할 수 있도록 이끌어야 한다. 리더는 결함이 있는 제품이 작업 라인으로 이동하지 않도록 해야 하며, 문제를 해결하여 같은 문제가 재발하지 않도록 해야 한다.

- **대담하게 생각하라**

  좁은 시야로 생각하면 자기충족적 예언에 이르게 된다. 리더는 대담한 목표를 설정하고 소통하여 성과를 이끌어 내야 한다. 또한, 다르게 생각하며 고객의 요구를 충족시키기 위한 다양한 방법을 모색해야 한다.

- **신속하게 판단하고 행동하라**

  비즈니스에서 속도는 매우 중요하다. 많은 결정과 행동은 다시 되돌릴 수 있으며 광범위한 연구가 필요하지도 않다. 계획된 위험을 감수하는 것 역시 중요하다.

- **근검절약을 실천하라**

  리더는 한정된 조건에서 많은 것을 이루어 내야 한다. 한정된 조건은 재기 넘치는 아이디어와 자립심, 발명의 원천이 된다. 직원 수나 예산 규모, 고정비를 늘리는 일에는 가산점이 부여되지 않는다.

- **신뢰를 얻어라**

  리더는 주의 깊게 듣고, 신중히 말하며, 타인을 존중해야 한다. 잘못을 인정해야 하면 곤란하고 당황스럽더라도 솔직하게 인정한다. 리더는 자신과 팀이 지닌 오점을 그냥 넘어가지 않고 최고의 기준에서 견주고 보완한다.

- **깊게 파고들어라**

  리더는 모든 수준의 업무에 관여하고, 세부사항을 파악하며, 자주 확인하고, 분석 결과가 사례와 일치하지 않으면 의문을 갖는다. 동시에 모든 일을 알고 있어야 한다.

- **주관을 가지며, 반대하되 받아들여라**

  리더는 설령 불편하고 힘든 상황이 발생하더라도 결정에 반대할 경우 정중하게 이의를 제기해야 한다. 리더는 신념을 가지고 완강하게 밀고 나가며, 친분을 위해 타협하지 않는다. 하지만 일단 결정이 이루어지고 나면 실행에 전념한다.

- **구체적인 성과를 내라**

  리더는 자신의 업무에 필요한 핵심 인풋에 집중하고 적절한 시기에 제대로 된 결과를 보여준다. 실패하더라도 당당히 이겨내며 결코 현재에 안주하지 않는다.

리더십 원칙과 네 가지 브랜드 커런시

내가 보기에 이 원칙들은 모두 다양한 방식으로 네 가지의 브랜드 커런시를 나타내고 있다. 아래는 이 14가지의 원칙을 화폐, 정보, 충성도, 시간의 관점에서 다시 살펴본 것이다.

● **화폐**

• 근검절약을 실천하라: 운영비 최소화로 고객의 비용을 낮출 수 있다. 예를 들면, 경영진을 포함한 누구라도 차액을 스스로 지불하지 않는 한 이코노미석을 제외한 높은 등급의 좌석에 탈 수 없다. 이러한 정책은 당신을 겸손하게 만들고 혜택은 직원이 아니라 고객이 받아야 한다는 점을 상기시킨다.

● **정보**

• 리더는 옳다: 충분한 자료를 가지고 모든 회의에 참석하여 최소한의 예산으로 시도하려는 계획에 대한 확신과 주장을 뒷받침하라.

• 배우고 호기심을 가져라: 가능한 한 많은 새로운 관점을 활용하고 유지하며 다양한 고객 집단을 위해 이를 활용하라.

• 깊게 파고들어라: 미래에 똑같이 반복하거나 혹은 같

은 일이 다시 발생하는 것을 막기 위해 피상적인 정보의 이면을 살피고 결과의 근본 원인을 찾아내라.
- 구체적인 성과를 내라: 당신의 목표를 이행하라. 행위의 증거를 자료로 입증할 수 없다면 아무 일도 일어나지 않은 것이다.

● 충성도

- 고객에게 집착하라: 이 부분은 다시 설명할 필요가 없을 것이다.
- 주인의식을 가져라: 세부사항을 파악하고 모든 업무에 관여하는 것은 당신이 결과에서 더 나아가 고객에게 신경을 쓰고 있다는 점을 보여준다.
- 최고의 인재를 채용하고 육성하라: 채용된 모든 사람뿐 아니라 일에서의 그들의 발전은 당신이 그들을 관리하든 그렇지 않든 관계없이 고객에 대한 헌신을 보여주는 표시다.
- 최고의 기준을 고집하라: 당신이 사랑하는 사람들은 거의 아마존 고객일 것이다. 당신이 하는 모든 일에서 그들을 대하는 것처럼 최선을 다하고, 계속해서 정진한다.
- 대담하게 생각하라: 보다 많은 고객의 만족을 얻기 위해 예상치 못한 방법을 생각하라. 더 크고 대담할수록 좋다.

- 신뢰를 얻어라: 성공은 고객의 신뢰에서 시작해서 고 객의 신뢰로 끝을 맺는다. 특히 고객의 개인 정보를 보 호하는 일에서는 더욱 그렇다. 모든 사람이 당신의 고 객이라는 것을 명심해라.
- 주관을 가지며, 반대하되 받아들여라: 고객이나 아마 존을 위해 무언가를 할 수 있는 더 좋은 방법이 있다고 생각하면, 자료로 뒷받침할 수 있는 계획을 세운 다음 시작하는 데 있어 조심스럽게 우려를 나타낼 수 있다.

◉ 시간

- 발명하고 단순화하라: 아마존 내부 또는 외부의 누군 가가 성과를 달성하는 데 이전 시스템과 동일하거나, 더 오랜 시간이 걸리거나, 더 복잡해진다면 그것은 혁 신이 아니다.
- 신속하게 판단하고 행동하라: 고객 경험이나 회사를 향상시킬 일을 하도록 지시받지 않아도 주도적으로 행 동한다. 보통 70퍼센트의 자료만으로도 제대로 된 결 정을 내릴 수 있다.
- 근검절약을 실천하라: 사전 준비가 제대로 이루어지지 않은 회의나 불필요한 메일로 직장 동료의 시간을 헛 되이 낭비하는 것은 혁신 주기를 늦추고 사용되는 비 용이 많아진다.

채용과 기준 높이기

2012년 나는, 리더십 원칙에 대해 깊이 알지 못한 채로 고용되었다. 열심히 면접을 준비하며 아마존에 관한 가능한 한 많은 자료를 읽으면서 나는 성공적인 면접을 위해 '도전, 접근법, 해결, 결과'의 체계를 사용해야 하는 예시 질문과 충고 외에 온라인에서 다른 자료를 찾을 수 없었다. 분명 그해 밸런타인데이에 내가 한 일은 효과가 있었지만, 리더십 원칙이 질문 자체와 업무 설명, 사전 브리핑, 면접일('루프'라고 한다), 보고에 얼마나 깊이 뿌리 깊게 자리 잡고 있는지 알았다면 이것에 모든 시간을 쏟으며 철저히 준비했을 것이다.

루프에 대해 좀 더 설명해 보겠다. 최고의 인재를 채용하고 육성한다는 리더십 원칙에서 설명한 것처럼 아마존에서 루프는 매우 중요한 업무다. 각 채용 담당자는 적어도 4시간을 루프에 할애해야 한다. 전화 면접 1시간과 사전 브리핑 30분, 대면 면접 1시간, 면접을 마치고 채용 시스템에 면접 내용을 정리해 제출하는 데 1시간, 채용 결정이 이루어지는 보고에 30분이 걸린다. 루프의 채용에 관여하지 않는 모든 아마존 직원은 채용 담당자와 신임받는 선임 팀원이 담당하는 전화 면접과는 별개로 동일한 책임을 공유한다. 이것을 루프라고 말하는 이유는 지원자가 하루 종일 걸리는, 6명의 직원을 거치는 순환 면접을 봐야 하기 때문이다. 한 명을 제외하고 면접에 참여하는 모든 사람이 해당 직무와 관련된 직책을 맡고 있으며, 이들 중 누구도 모집 중인 직급보다 낮을 수는 없다.

마지막 남은 사람은 바 레이저[bar-raiser, BR]로, 전혀 관련 없는 조직에서 오는 경우가 많다. 2014년 아마존과 수수 께끼 같은 CEO 제프 베조스를 철저히 해부한 브래드 스톤[Brad Stone]의 《모든 것을 파는 상점: 제프 베조스와 아마존의 시대[The Everything Store: Jeff Bezos and the Age of Amazon]》을 통해 나는 바 레이저가 D.E.쇼우에서 도입한 인터뷰 방식에서 영감을 얻었고, 베조스가 그 개념을 가져왔다는 것을 알았다. 바 레이저 프로그램은 아마존이 성장함에 따라 회사의 인사 기준이 점차 약화되는 것을 막기 위해 도입되었다.

바 레이저는 적어도 몇 년의 근무 경험이 있는 우수한 직원으로, 일상 업무에서 리더십 원칙을 실천하며 최고의 인재를 가려내는 검증된 안목을 갖추고 있어야 한다. 각 루프에는 한 명의 바 레이저가 있어야 한다. 이들의 주된 역할은 업무 경험, 기술적 통찰, 의사소통 능력 외에 리더십 원칙에 기초한 질문으로 지원자의 기준을 높여 해당 조직의 기존 직원보다 50퍼센트 이상 더 우수한 인재를 선발하는 것이다. 바 레이저는 다른 조직에서 오는 경우가 많으므로 이들은 사전 브리핑과 후속 보고에서 해당 조직에 대해 질문하여 면접관이 지원자가 실제로 기준을 높일 수 있는 사람인지를 판단하는 데 도움을 주게 된다. 각 면접관은 채용, 채용 권고, 채용 고려, 채용 불가의 네 가지의 평가항목 중 하나를 선택할 수 있다. 300점이 넘는 점수를 받은 면접에서 나는 바 레이저가 '채용 고려'로 평가한 항목을 거의 보지 못했고, '채용 불가'라는 평가를 한 차례도 받은 적이 없다.

사람이 하는 일이 그렇듯이, 때때로 채용을 해야 할지 말아야 할지 의견이 팽팽히 맞설 때가 있다. 그럴 때는 바 레이저가 보고에서 "이 지원자가 정말로 조직의 기준치를 높일 것이라고 생각합니까?"라고 마지막 질문을 한다. 이 질문이 나오면 잠시 침묵이 흐르고 면접에 참여한 모든 사람이 눈을 감고 머릿속으로 잠시 생각을 정리한다. 이들은 지원자와 자신의 동료들을 비교하며 무능한 사람을 뽑는다면 주변 사람들이 "도대체 채용 면접은 누가 한 거야?"라고 묻는 모습을 머릿속에 그려본다. 이것이 스스로를 검열하는 방법이다.

당연한 일이지만 시간이 흐르면서 거대한 조직 내에서 기준을 높이는 일은 점점 어려워진다. 실생활에서 비슷한 사례를 찾기 위해 나는 정말 문자 그대로 '바를 높이는' 일

을 조사하여 이 점을 증명할 수 있을지 알아보았다. 결과
는 놀라웠다. 국제육상경기연맹[IAAF]에 따르면, 남자 장대높
이뛰기의 세계 기록은 IAAF가 기록하기 시작한 이후 106
년 동안 97번이나 새로 경신되었지만, 이 글을 쓰는 시점
으로부터 24년간은 단 한 차례 상승한 것이 전부다. 여자
선수의 경우 기록을 시작한 이후 26년간 54차례 기록이
경신되었지만, 지난 9년간은 단 한 차례만 기록이 깨졌을
뿐이다. 남자 선수 경기에서 처음 25년간 세운 13개의 세
계 신기록과 여자 선수 경기에서 첫 9년 동안 달성한 36개
에 달하는 세계 신기록과는 대조적이다. 이것은 남자 선수
경기의 기록이 시작된 이후 최근의 22퍼센트에 해당하는
기간(또 여자 선수 경기의 최근 36퍼센트에 해당하는 기간)에는 단 한
차례만 기록이 깨진 것을 의미한다. 확실히 계속해서 기준
을 올리는 일은 무척 어렵다. 이런 식으로 인재를 고용하는
기업 역시 표면적으로는 마찬가지다.

하지만 '50퍼센트보다 우수한' 규칙을 각 남녀 경기의
현재 장대높이뛰기 세계 신기록에 적용해 보고, 그 결과 첫
번째 세계 기록과 가장 최근의 기록 사이의 거리가 절반에
달한다는 것을 알게 된다면 흥미로울 것이다. 또한, 표면적
으로는 모순되어 보이는 점을 확인하게 될 것이다. 세계 신
기록 평균보다 높은 세계 기록이 낮은 기록보다 더 많다.
남성의 경우 25번의 높이뛰기가 평균 이하인 반면 평균 이

상은 54번에 이르고, 여성의 경우 21번이 평균 높이 이하이고 33번이 평균보다 높았다. 장대 기술이 이것과 관계있다는 것을 확신하지만, 실제로 이러한 자료는 기준을 더 높일수록 시스템 전체의 기량이 향상된다는 것을 보여준다.

마지막으로 '기준 높이기'는 이미 아마존에서 근무하는 직원에게 두 가지의 메시지를 전한다. 우선 모든 루프는 당신이 회사의 기준치를 높일 수 있는 기회를 의미한다. 다음으로 최선을 다하거나 언제든 실적 향상을 위한 계획을 세울 준비를 해야 한다는 뜻이다. 기본적으로 당신이 아마존에 아주 오랜 기간 근무한다면, 현재 당신보다 더 우수한 사람들에 둘러싸이게 될 것이다. 이러한 과정은 미래를 위한 유기적인 업그레이드 메커니즘이며 기존 직원 모두에게 일상적인 성과 인센티브로 작용한다.

리더십 원칙의 실행

이제 리더십 원칙을 이해하고 이 원칙이 아마존과 새로운 인재에 대한 접근법에 어떤 중요성을 가지는지 파악했다. 이제부터 목표와 프로그램을 통해 이 리더십 원칙을 어떻게 실행에 옮기는지를 살펴보자. 하지만 이것을 알아보기 전에 먼저 간단한 주의사항이 있다. 아마존은 다양한 부서와 자회사에 50만 명 이상이 근무하는 기업이며,

각 부서와 자회사는 여러 나라와 문화권에 모든 종류의 시설과 사무실을 갖춘 다양한 조직으로 구성되어 있다는 점이다. 내가 구체적으로 설명하려는 것은 아마존 애드버타이징과 우리의 파트너 조직 내에서 회사를 운영하는 방법과 기법에 기초하고 있다. 국내외에서의 경험에도 불구하고 나는 이것이 광범위하게 확장하는 글로벌 기업 내에서 일어나는 일반적인 일이라고 믿을 만큼 순진하지 않다. 여기서 전하는 경험은 순전히 개인적인 경험일 뿐이며, 반대 의견은 정중히 거절하겠다.

상사와의 첫 번째 일대일 대화에서 나는 대부분의 사람들은 첫 6개월이 정신없이 빠르게 지나갈 것이고 일이 너무 많아 감당하기 힘들 것이라는 말을 들었다. 그는 또 이런 일은 보통 일어나는 일이며, 당황스럽게 느끼는 것이 당연하다고 말했다.

"겸손한 태도로 경청하고, 접하는 모든 일을 메모하고, 간단명료하게 대답하고, 질문하세요. 여기에서는 새로 온 사람이 질문하는 것을 어리석다고 생각하지 않아요. 오히려 질문하면 똑똑하게 보이죠. 당신은 호기심이 강해 고용된 거예요."라고 말했다. "우리처럼 하는 기업은 세상 어디에도 없죠(확실히 어떤 회사도 이와 같지 않고, 앞으로도 그럴 것이다). 따라서 우리의 특이한 문화를 이해하는 유일한 방법이 바로 질문하는 것입니다. 처음 시작할 때는 기꺼이 도와주려는 사람들이 주변에 많을 겁니다. 제 말을 믿어도 좋아요. 준비가 되었다고 생각하면 첫 다섯 가지 목표가 주어질 거예요." 축구선수가 프로로 전향해 대학을 떠나면 이들은 달라진 경기 속도와 '경기 속도가 느려지는' 데 몇 달이 걸릴지에 대해 얘기한다. 내가 느꼈던 것이 바로 이것이다. 에이전시에서 아마존으로 직장을 옮기면서 생긴 일의 속도 변화는 과장되게 들리지 않고는 설명할 방법이 없다. 따라서 이 부분은 언급하지 않기로 하겠다.

다행히도 반년이 지나자 상황은 안정을 되찾았다. 다음으로는 혁신, 품질, 효율성, 수익, 공동체라는 각각의 목적이 있는 5개 범주의 목표가 주어졌다. 이것은 스마트^{SMART} 목표 방법론을 따른 것인데, 목표가 구체적이고^{Specific}, 측정 가능하며^{Measurable}, 달성할 수 있고^{Attainable}, 관련성을 가지며^{Relevant}, 시간 제약$^{Time-based}$이 있어야 하는 것을 의미한다. 또 각 상태는 기타 비즈니스 우선순위, 성과 지표, 다른 부서의 필요성과 함께 모두 일대일로 논의된다. 매년 여기에 한두 개씩 더해졌고, 내가 그만두었을 무렵에는 13가지의 목표가 있었다.

시간이 조금 지나긴 했지만, 실제 목표를 아마존과의 법률상 계약으로 인해 공유하지는 못할 것이다. 대신 다음의 가상 목표를 참고해 볼 수 있다. '효율성: 9월 30일까지 ADX-NY 캠페인 출력을 X퍼센트 향상시킬 새로운 온라인 셀프서비스 설계 툴 하나를 만드십시오.' 내가 재직할 당시 목표가 약화되는 것을 보지 못했지만 대신 목표 달성에 따라 같은 범주의 새로운 수단으로 변경되었다. 직원의 중간 및 연간 실적 평가가 이러한 목표 달성뿐 아니라 그 과정에서 생성된 데이터 품질에 좌우되는 것이다. 제프 베조스를 포함한 기업의 모든 리더는 당신의 목표에 대해 질문할 수 있어야 하고 자료는 쉽게 이용할 수 있고, 입증 가능해야 하며, '정제'되어야 한다고 들었다.

스마트폰에 대한 비유가 기억나는가? 리더십 원칙이 어떻게 운영 시스템이 되고 앱이 목표를 나타내는지 말이다. 그 둘 사이에는 비유적으로 말해 이 아마존 장치의 특징과 기능이 있다. 바로 프로그램이다. 목표와 마찬가지로 프로그램은 소유하는 동안 결코 소멸되지 않으며, 단지 진화할 뿐이다. 그러나 목표와 달리 프로그램은 관리자가 소유하며 소유자가 함께 작업할 팀을 모집해야 하고, 소유자가 회사를 떠나거나 다른 조직으로 이직할 경우 또 다른 관리자에게 인계된다. 프로그램 팀에는 관리하에 있는 사람들, 파트너 팀, 심지어 다른 조직에서 온 사람들도 포함될 수 있다. 시간은 계속 가고 있기 때문에 무슨 방법을 써서라도 팀에 최고의 인재를 데려오는 것이 중요하다.

게다가 프로그램은 달성하는 데 1년이 걸릴 수 있는 긴 활주로를 가진 부서의 이니셔티브initiative이다. 이는 'OP1' 과 'OP2'로 알려진 조직의 연간 운영계획 시즌에 대개 만들어진다. 이 시기는 경영진이 다음 연도의 모든 긴급 대책, 즉 어디에 투자하고 혁신해야 하는지, 해결해야 할 문제와 중점을 둘 우선 사항을 철저히 논의하는 때이다. 이들은 앞선 6개월간 얻은 학습을 통해 OP2 시즌 동안 OP1을 수정한다. 이 문서들은 '에스팀Steam'과 최고경영자(CEO)까지 모두 승인한 것이다. 또한, 운영 데이터 및 민감하지 않은 1차 고객 데이터, 심지어 공동 목표 및 프로그램 상태 매트릭스와 같은 직접 얻을 수 있는 모든 출처의 자료를 통해 뒷받침된다. 이번에는 프로그램에 대한 또 다른 거짓된 설명이 있다. "모바일 앱의 혁신을 추진하여 3분기 말까지 광고주의 채택률을 X퍼센트 올려라."

프로그램은 내가 '상시 작동하는 혁신 사이클'이라고 말하는 아마존의 심장과 영혼이다. 하나 이상의 프로그램을 가지고 있다면, '신속하게 판단하고 행동하라.'라는 리더십 원칙에 대한 노력의 일환으로 다른 프로그램을 이미 가지고 있는 아마존 직원의 팀을 소집해 이들에게 동기를 부여해야 한다. 시간이 귀중한 자원인 상황에서 프로그램은 내가 '혁신하고, 반복하고, 자동화하라.'라고 일컫는 일을 하게 한다. 당신은 열심히 답을 찾고 있는 동시에, 언젠가는 사람의 도움이 필요하지 않을 대규모 해결책을 만들고 있는 것이다. 회사를 그만둘 당시 나는 5개의 프로그램을 운영했는데, 그 프로그램들은 현재까지도 계속 진행되고 있으며 일부는 이미 자동화되었다.

목표와 프로그램이 업무의 부가적 요소가 아니라 당신이 지원한 직무 설명에 언급된 모든 관리 책임과 함께 일상적 업무 자체라는 점에 유의해야 한다. 이제 사람들이 "아마존은 어떻게 할까?"라고 큰 소리로 물을 때, 당신은 그 답을 알고 있을 것이다. 개별 직원에 이르기까지 끊임없이 혁신을 추구하는 노력을 통해 아마존은 '겉으로는 아무런 관련이 없어 보이는' 여러 다양한 분야의 사업에서 많은 발전을 이루었다. 또한, 직원들이 자부심을 느낄 수 있는 회사로 성장했다. 아마존은 실적 평가 기간에 직원들이 자신들의 성과를 입증해야 하는 시스템을 통해 일 년 내내 수십만 명의 아마존 직원들이 고객에게 더 좋은 서비스를 제공한다. 나아가 할 수 있는 모든 방법을 동원해 고객에게 놀라움과 기쁨을 선사할 기회를 만들 것을 요구하고 있다. 아마존의 모든 일은 데이터를 기반으로 이루어지고, 당신도 알고 있듯이 아마존에서 데이터는 산소처럼 널리 퍼져 있다.

목표를 달성하고 프로그램의 의무를 이행하려고 노력

하는 과정에서 다음 두 가지 사항을 지키는 한 당신의 실수는 완벽히 용납된다. 첫 번째는 고객을 대신해 당신이 혁신하고 있다는 증거를 제시하는 일이다. 두 번째는 팀에 있는 모든 사람과 관리자, 내부 위키 시스템과 같은 수단을 통해 교류하는 동료와 실수를 공유해 다른 일에서 같은 실수를 반복하면서 귀중한 시간을 낭비하지 않게 하는 것이다. 나는 이것을 '실수를 기념한다.'라는 말로 이름을 붙였고, 팀을 위해 실수에 대해 돌아보는 시간을 가지기도 했다. 이 모임을 통해 우리는 한 주가 끝나는 날에 함께 둘러앉아 맥주를 마시며 실수한 일들에 관해 얘기하며 함께 웃을 수 있었다. 이는 실패가 가치 있는 일이며, 근본 원인을 공유하는 것, 즉 실수 처리법의 두 번째 규칙을 충실히 따르는 것이 혁신할 수 있는 유일한 방법이라는 점을 전하고 있다.

덴마크 물리학자 닐스 보어 Niels Bohr 는 "전문가는 좁은 영역에서 할 수 있는 온갖 실수를 저지르는 사람이다."라고 말했다. 베조스는 이것에 대해 '양방향의 문'이라고 부른다. 당신이 양방향의 문 앞에 서게 된다면 전력을 다해 그 문을 통과해라. 기업을 위험에 처하게 하지 않을 성장 기회는 고객을 올바르게 대하는 데서 생겨난다. 이러한 기회를 통해 회사는 귀중한 데이터를 생성하게 된다. 빠르게 실행해 보고 그 뒤에 원하는 결과를 얻지 못했다면, 다시 문을 되돌아 나와 모두에게 이러한 경험을 말해라. 내부에서 이와 같이 효율적으로 운영하지 않는다면, 고객에게 빠른 서비스를 제공할 수 없다. 아마존의 이러한 방식은 시간의 중요성을 잘 설명해 주고 있다. 사실을 말하자면, 내가 착수했거나 옆에서 지켜본 모든 프로그램은 적어도 하나 혹은 대개 하나 이상의 브랜드 커런시에 해당했고, 나는 이것을 우연히 일어난 일이라고 생각하지 않는다.

의미하는 바

아마존의 경영 원칙과 경영 방식이 모든 조직에 적합한 것은 아니다. 아마도 당신의 회사는 이러한 방식을 내일 당장 실행할 만한 준비가 되어 있지 않을 것이다. 그렇지만 당신이 팀을 만들어 따로 시작해 볼 수 있다. 당신이 관리자의 위치에 있다면 자발적인 프로그램을 통해 팀을 이끌어 갈 수 있다. 팀원이 이의를 제기할 경우에는 이들이 당신을 위해 일하는 한 프로그램에서 빠질 수 없다는 점을 강조해야 한다. 당신이 개별적으로 일을 하고 있다면 당신이 속한 그룹이 일상적으로 겪는 익숙한 문제를 살펴보고 고객 중심의 프로그램을 시작해 볼 것을 적극적으로 제안해 보는 것도 좋다. 전 과정에서 자료를 수집하고 매주 일대일 대화를 하든 그렇지 않든 관계없이 수집한 자료를 주기적으로 보고하도록 해라. 그런 다음 한 발 물러서서 다른 사람들이 성공에 대한 관심을 갖게 되면서 순식간에 공감을 얻는 것을 지켜봐라. '신속하게 판단하고 행동하라.'라는 원칙을 직접 보여주고, 양방향의 문을 찾으며, 실패를 기념하고, 신속하게 움직여라. 이것은 누구라도 할 수 있는 일이다.

아마존의 고객 지향 문화는 확고하다. 이런 서비스 정신을 널리 확산시킬 수 있을까? 물론이다. 아마존은 고객 지향이라는 개념보다 리더십 원칙이나 전자상거래 자체로 더 많이 인정받고 있다. 하지만 아마존은 수익과 업계의 상에 집착하는 기업에게 고객이 왕과 여왕이라는 것을 인식하게 하고 그렇지 않으면 그에 대한 대가를 치르도록 하고 있다. 이 유별난 회사에 대해 당신이 무엇을 생각하든 아마존은 당신의 비즈니스 활동에 적용할 수 있는 효과적이고 검증된 많은 교훈을 가지고 있다. 진정한 성공은 저 너머에 있지만, 이 책을 읽고 있다는 사실이 당신의 장점을 대변하고 있다. 1997년 아마존이 주주에게 보낸 편지에서 익살스럽게 언급했듯이 지금은 더 이상 '월드 와이드 웨이트World Wide Wait' 시대가 아니다. 매 순간 우리가 써야 하는 하나의 커런시인 시간이 흘러가고 있다. 지금이 바로 그때다.

3장

새로운 시대의 브랜드

"오늘날의 기업 리더는 정답을 모두 알고 있다.
그들이 틀리는 것은 질문이다."

─엉클 밀트

    늦은 아침이 되자 무겁고 활활 타오르는 듯한 공기가 밀려왔다. 부두에서 구운 흙으로 만든 언덕 위 벽돌 창고로 금속 제품이 가득 찬 바구니를 운반하는 동안 땀에 흠뻑 젖은 남자의 도티(인도에서 남자들이 몸에 두르는 천)가 팔과 등에 바싹 달라붙었다. 턱수염에서 흐르는 땀이 가슴과 바구니 위로 뚝뚝 떨어졌다. 그는 아라비아해에서 멀리 떨어진 사바르마티강 상류에 살았다. 이 강은 운송과 물류 중심지로서 로탈(인도 서부, 구자라트주(州), 캄베이만(灣) 북단에 있는 인더스 문명기의 항만 도시)이 상업적 성공을 거두는 기반이 되었다. 작지만 번창하는 이 도시의 대다수의 남자들처럼 그도 기원전 2,200년부터 기원전 2,000년까지의 초기 청동기 시대에 인더스 유역과 메소포타미아의 주요 인구 밀집 지역을 오가던 상품 컨테이너를 열고, 검사하고, 옮기고, 분류하는데 매우 능숙했다.

이곳에서 약 1,610킬로미터 떨어진 팔레스타인에서 그리스도가 탄생하려면 또다시 2,000년이 지나야 하지만, 현재 인도 구자랏주의 사라그왈라에 속하는 이곳에서 이미 브랜드 차별화가 시작되었다. 바구니에는 항아리 및 구슬과 원석, 상아, 낚싯바늘, 청동 도끼, 창, 장신구 외에 기타 잡다한 물건이 들어 있는 자루에 정사각형의 금속 직인이 부착되어 있었다. 이 배지 위에는 요가 수행자와 신의 독특한 모습뿐 아니라 으르렁거리는 호랑이와 황소, 코끼리, 코뿔소, 물소, 사슴이 새겨져 있었다.

컨테이너는 신속히 재분류할 수 있도록 배치되었고, 따라서 그러한 표시는 빠르게 식별하고 정확히 분류하는 데 매우 중요했다. 일부 전문가들은 직인에는 부차적인 목적이 있었다고 믿는데, 그것은 바로 안에 있는 제품을 예비

구매자에게 홍보하는 것이었다. 발견된 한 직인에는 다산의 신, 시바[Shiva]가 새겨진 것도 있었다. 고대 문명조차 '성매매'에 영향을 받지 않은 것은 아니었다.

UCLA의 인도 학자 스탠리 월퍼트[Stanley Wolpert]는 저서 《새로운 인도사[A New History of India]》에서 "아직 번역되지 않은 언어로 쓴 글과 함께 직인은 자신들의 상품을 '상표화(브랜드화)'하는 데 사용했던 상인들을 위해 만들어졌을 것"이라고 말한다. 이 직인과 글은 사실 인도의 가장 오래된 비즈니스 문서이며, 차별화가 효율성에 핵심적 요소였던 매우 발전된 상업 시스템을 보여준다.

브랜드란 무엇인가?

나는 항상 이 질문에 대한 답을 무엇이 브랜드가 아닌지를 말하며 시작한다. 비즈니스에서 자주 사용되는 방식과 달리 브랜드는 로고나 TV 광고가 아니며, 이름이나 구호, 시장 포지셔닝도 아니다. 그보다 브랜드는 고객과 만나는 매 접점에서 고객이 머릿속으로 써 내려간 이야기다. 물리적, 정신적으로 이루어지는 모든 상호 작용에서 말이다. 브랜드는 마케팅 부서나 광고 회사가 꾸며낸 이미지가 아니다. 만약 당신이 이를 이해한다면, 지금쯤 고객의 마음속 이야기를 거의 통제할 수 없다는 점을 깨달았을 것이다. 따라서 당신의 브랜드는 하나의 고정된 실체가 아니라 청중들 사이에 발생하는 폭넓은 경험에 따라 달라지는 수백만 개의 이야기다. 그러나 핵심 가치를 발견하고 이러한 가치가 소비자의 공감을 얻고 계속해서 유지될 수 있기를 바라며 모든 행동과 소통에서 이 가치를 충실히 따르는 일은 당신이 통제할 수 있는 영역이다. 그것이 브랜드와 관련해 당신이 할 수 있는 전부다.

사실 브랜드 뒤에 있는 회사 역시 허구이며, 공유되는 신화이자, 우리가 모두 동의하는 조작된 이미지다. 그 증거로 매트리스 회사가 2018년 10월에 그랬던 것처럼 파산 신청을 할 경우 파산에도 불구하고 회사 직원들은 여전히 건재하고, 건물은 놀라울 정도로 우뚝 솟아 있고, 부채는 여전히 상환을 앞두고 있다. 어떻게 이럴 수 있을까? 기업은 천상의 신처럼 모순적이기 때문이다. '몸'이란 의미의 라틴어 'corpus'에서 유래한 corporation, 즉 기업은 사실 우리가 볼 수도 만질 수도 없다. 그러나 여전히 그 존재를 믿는 종교적 신과 같이 우리 모두 그것의 존재에 동의하는, 육체에서 분리된 영혼이다.

사실 이야기는 우리 인간이 이 지구상에서 지배적 위치를 차지하는 데 결정적인 역할을 했다. 건장한 네안데르탈인과 비교적 체구가 작은 호모 사피엔스 간의 주먹다짐에서 현생 인류는 분명 엉덩이를 걷어차일 것이다. 하지만 더 큰 집단에서는 현생 인류가 확실히 유리해진다. 뛰어난 소통 능력과 함께 일반적인 신에 대한 집단적 상상이나 초자연적 존재에 관한 믿음은 더욱 조직적이고 의욕적인 인류의 승리를 확고히 했다. 우리가 함께 나누는 이야기들은 엄청난 힘과 무한한 잠재력을 불어넣어 준다.

이 밖에도 우리의 브랜드 스토리는 종종 두뇌의 가장 원시적인 부분인 변연계의 깊은 곳에서 무의식적으로 쓰인다. 변연계는 이분법적이다. 싸우거나 달아나고, 받아들이거나 거절한다. 내가 6학년이었을 때 학기의 마지막 날 선생님이 반 전체에 차가운 코카콜라를 나눠주었던 일이 생각난다. 터프스킨Toughskins(시어스 로벅사의 의류 브랜드) 옷을 입은 당시 11살의 나는 그 무더운 날 오후에 마신 콜라가 코카콜라였는지도 몰랐고, 물어보지도 신경 쓰지도 않았다. 내가 펩시콜라를 지금까지 한 번도 구입한 적이 없는 것은 단지 우연의 일치일까? 탄산음료의 브랜드 선호도는 그 더운 날 순수하고 짜릿한 희열 속에 느꼈던 감정이 만들어 낸 이야기가 어린 나의 대뇌 피질에 깊이 새겨진 것일지도 모른다.

그렇다, 브랜드는 스토리다. Etymonline.com을 잠깐 검색해 보면 '브랜드'는 '불, 불꽃, 불에 의한 파괴, 선동가, 불타는 나뭇조각, 횃불'의 뜻을 가진 브랜드의 고대어 'brond'에서 유래했고, 이 말은 다시 '불타는'이라는 게르만 조어 'brandaz'가 어원이라고 한다. 1550년대에는 브랜드를 제조자나 내용물의 품질을 나타내기 위해 특히 술을 저장하는 나무통 등에 '달군 쇠로 표시한 마크'라고 정의했다. 1827년 무렵에는 '다른 방식으로 만든 표시'로 사용되다 그 뒤 '특정 제품(1854년)'이라는 뜻으로 그 의미가 확대되었다. 1889년에는 '브랜드 네임'이, 1961년에는 '브랜드 로열티'라는 말이 새로 생겼다. 실제로 우리는 오랫동안 표시를 통해 사물을 식별해 왔는데, 기원전 약 2,700년경 이집트에서 불에 달군 형상을 가축에 새겨 처음으로 소유권을 주장하기 시작했다.

현대 용어에서 비즈니스로서의 브랜딩(소비자가 브랜드의 가치를 인식하고 브랜드에 충성도와 신뢰를 유지하는 과정)은 18세기 영국 맨체스터에서 산업혁명이 시작되면서 중요성이 커졌다. 석탄과 증기로 움직이는 방직기가 발명되면서 대량 생산된 상품과 상품의 제조업자를 서로 구별할 필요성이 생겼다. 또한, 처음으로 동일성을 유지하는 제품을 대규모로 생산하는 일이 가능해졌다. 이러한 발전은 당시의 기술 관료에게는 희소식이었지만 이로 인해 경쟁자 간의 구별이 모호해졌고, 소비자 사이에서는 혼란이 가중되었다. 게다가 시골에 살던 수천 명의 사람이 공장의 일자리를 찾아 도시로 이주해 왔다. 그 과정에서 가족 농장에서 직접 만드는 대신 구입해 쓸 수 있는 비누를 선택하면서 점점 더 정교해진 브랜드 메시지에 노출되었다.

심리학적 연구 대상으로 브랜드는 1942년 H. D. 울프 H. D. Wolfe의 〈소비자 인터뷰를 통한 브랜드 선호도 및 브랜드 의식 평가〉라는 글에 처음 언급되었다. 켄트 주립대의 마케팅 저널 제6권 4호에서 울프는 브랜드 연상을 판매로 전환시키지 못하는 업계의 부족한 능력에 대해 "소비자의 인식과 판매 사이의 관계를 알아내는 탐색 작업은 미미하게 이루어지고 있다."라고 탄식했다.

제2차 세계대전이 끝난 후 전 세계가 전쟁의 잔해를 딛고 일어서고 있을 때 미국에서는 소비재가 대량으로 생산되기 시작했다. 모든 종류의 소비자 카테고리가 전후 경기 호황으로 생겨난 부를 차지하기 위해 앞다투어 생산되는 수백 가지의 신제품으로 넘쳐났다. 〈애드버타이징 에이지 Advertising Age(미국 광고계 최초의 신문)〉에 따르면 미국의 광고 회사는 1939년 1,628개에서 1948년 5,986개로 증가했다. 그리고 이 기간에 최초의 대량 생산 텔레비전인 RCA 630-TS가 1947년에 출시되었다. 전시의 기술 발전과 제조업의 번성으로 인한 비용 감소, 늘어난 여가 시간 및 재량 수입에 힘입어 브랜드와 기술은 아주 오랫동안 나란히 발전하게 된다.

오늘날의 테크노미^{techonomy}에 이르기까지 수천 년 동안 브랜딩은 순수한 거래 목적, 즉 제품의 출처에 관한 정보 제공의 수단에서 변화를 이끌어 내는 방법이 되었다. 또한, 무생물에 인격적 특성을 부여하는 것에서부터 궁극적으로는 제품 소유자에게 사회적 지위(유행 선도, 성적 매력, 부유함)를 안겨주는 데까지 이르렀다.

1990년대 후반 인터넷이 확산되고 2007년 모바일 혁명이 일어난 후 마케팅 담당자들의 역할은 무의미해졌다. 소비자에게 역사상 그 어느 때보다 화폐, 정보, 충성도, 시간을 어디에서 소비하고 얻을지에 대한 선택권이 더 많아지면서 그들의 광고는 이제 영상을 시청하는 데 끼어드는 방해물이 되었다. 성공할 수 있는 유일한 방법은 철저히 이해하고 발전시키고 나날이 노력하여 당신 스스로가 고객의 이러한 네 가지 브랜드 커런시를 늘리는 것이다. 장기적 안목으로 생각한다면 늦지 않을 것이다.

이제 브랜드 커런시 중 가장 대중적인 화폐부터 시작해 보자.

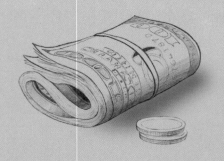

2부

화폐

사용할 수 있는 화폐를 고객에게
투자하여 장기적인 사업 성공을 이룬다

4장

화폐의 시대적 흐름

"사람들이 화폐를 발명했고, 사람과 달리 화폐는
모든 형태로 받아들여지는 것을 즐긴다."

−엉클 밀트

새벽녘에 소년은 살며시 눈을 떴다. 잠에서 빠져나오
며 오늘이 그와 그의 주인이 오랫동안 기다려 온 그날이라
는 것을 깨닫자 소년의 가슴이 더 빨리 뛰었다. 부유한 상
인인 노인이 십 대 소년의 머리에 정교한 깃털 장식을 얹
고 방을 나가려 돌아설 때에 둘은 아무 말도 하지 않았다.
그레고리력으로 아즈텍 달의 4월 23일에서 5월 12일까지

열리는 토시카틀^{Toxcatl} 축젯날의 시원한 아침이었고 때가
되었다.

소년은 텍슬라칸인^{texlacan}이었고, 몇 개월 전 전투에서
아즈텍 사람들에게 포로로 붙잡혀 왔다. 하지만 오늘은 전
쟁 포로가 아닌 지역 유명 인사에 가까운 대접을 받으며
깨끗이 몸을 씻었고, 현재 멕시코시티가 위치한 지역인 테
노치티틀란^{Tenochtitlán}(고대 아스텍 문명의 수도)의 모든 관심이
그에게 모아지게 될 것이다. 사제가 부르면, 그는 예복을
입고 테노치티틀란의 대 피라미드 아래에 모인 수천 명의
인파를 헤치며 그의 주인 곁을 조용히 지날 것이다. 전쟁
과 정오의 태양과 동일시되는 아즈텍의 최고신 우이칠로
포치틀리^{Huitzilopochtli}에게 제물로 바치기 위해 자신들의 몸
을 뚫고 피를 흘리는 사제와 사람들 사이에서 그는 샅바가
벗겨지고 거대한 신전의 가파른 정면으로 인도될 것이다.

신전 꼭대기에는 4명의 사제가 제단 위 석판으로 그를
안내해 눕게 하고 팔다리를 펴 단단히 묶었다. 다섯 번째
사제가 흑요석으로 만든 칼을 꺼내 하늘 높이 쳐들어 그의
가슴에 깊숙이 박고 천천히 자기 쪽으로 잡아당겼고, 소
년이 고통으로 날카로운 비명을 지르자 배와 횡격막을 베
어냈다. 그러고 나서 사제는 소년의 흉곽 아래로 조심스럽
게 손을 뻗어 아즈텍인이 태양열의 잔해라고 믿는 심장을

찾았다. 태양신을 기리기 위해 하늘로 심장을 들어 올리고 난 다음 가슴에서 뜯어내 신의 조각상 옆에 놓인 그릇에 담았다. 심장은 계속해서 4분을 더 뛸 것이다. 그 후 사제들이 생명이 꺼진 시체를 피라미드 한쪽 옆으로 던져 놓으면, 구경꾼과 무용수, 음악가들이 다가와 그 위에 꽃잎을 뿌릴 것이다. 그러고 나서 그의 시신은 상인의 집으로 다시 옮겨지고, 여자들이 요리해 마지막 축제 행사에 제공된다. 상인이 그 고기를 먹는 것은 아버지가 아들을 먹는 것과 비슷하게 느껴져 부적절한 일이 될 것이다. 따라서 그가 구경하는 동안 손님들은 만찬을 즐기게 된다.

화폐의 개념

15세기 중앙아메리카에서 부유한 상인은 인간 제물을 바침으로써 그들의 부를 마을 앞에 전시할 수 있었다. 상인은 포로를 사들여 축제가 열리기까지 수개월 동안 엄청난 비용을 들여 포로에게 집과 음식, 호화로운 의상을 제공하곤 했다. 제물을 바치려면 상인은 동료 상인과 지역의 군 지휘자들에게 4번의 연회를 열고 참석한 모든 사람에게 보석과 옷, 음식, 술을 선물해야 했다.

그리고 상인은 주로 공통 화폐인 카카오 열매로 거래를 했다. 이 카카오 열매로 누구나 토마토와 옥수수, 옥, 금,

심지어 제물로 바칠 희생자를 구입할 수 있었다. 게다가 카카오 열매를 가지고 있는 사람이 달콤한 것을 먹고 싶다는 생각이 들면, 이것을 갈아 으깬 후 물과 섞어 맛있는 음료로 마실 수도 있었다. 먹을 수 없고, 따라서 '본질적' 가치도 없는 종이나 금속 현금과 달리 카카오 열매에는 실질적 가치가 있다. 상품 화폐인 이 카카오 열매는 교환 수단이었지만, 중요한 재산을 어떻게 활용할지 아는 사람에게만 해당되는 것이었다. 유럽의 해적들은 이 점을 알지 못했다. 이들이 카카오 열매를 운반하는 배를 장악하자 이들은 자신들이 약탈한 카카오 열매를 토끼 배설물로 착각하여 모두 바다로 던져 버렸다. 따라서 테노치티틀란의 왕인 이츠코아틀[Itzcoatl]의 퇴직 연금도 바닷속에 함께 가라앉게 되었다.

수천 년 동안 인간은 가치를 창출하고 평가하려는 선천적인 욕구를 보여 왔으며, 상품 화폐를 도입한 것은 아즈텍인만이 아니었다. 로마인은 그들의 병사에게 소금(라틴어로 '소금'을 뜻하는 'sal'은 '급여[salary]'의 어원이다)으로 월급을 지급했고, 오세아니아 전역의 초기 정착민들은 서로 개오지 조개껍질을 교환했다. 몽골인은 고형차를 교환 수단으로 사용했고, 노르웨이의 고대 민족은 버터로 물건을 구입했다. 마찬가지로 시베리아 사람들은 순록을 이용해 교환했고, 고대 히타이트족은 양으로 가치를 판단했으며, 그리스인들은 황소로 거래했고, 아일랜드에서 북아프리카에 이르는 문명에서는 결혼 지참금에서 간통죄 벌금에 이르기까지 모든 것을 소로 지불했다. '가축^{cattle}'과 '자본^{capital}'이 '머리^{head}'를 뜻하는 라틴어 'caput'에 같은 어원을 두고 있는 것은 놀랄 만한 일이 아니다. 미국 원주민들은 담배를 화폐로 사용했고, 그 뒤 얼마 지나지 않아 북미 개척자들은 사슴 가죽으로 음식과 옷, 연장을 구입했다. 이로 인해 미국인들은 여전히 '벅^{buck}'이라는 말을 '달러^{dollar}'의 완곡한 표현으로 사용한다.

심지어 사람도 화폐로 사용되었다. 바이킹족은 금발과 붉은 머리 여성을 특히 선호하는 지중해에서 아일랜드 소녀들을 노예로 거래했다. 하지만 모든 형태의 상품 화폐 가운데 죽음과 질병, 도주로 인해 사람은 본질적으로 불안정한 교환 수단이었다.

상품 화폐의 문제점

상품 화폐의 문제는 저장 기간이 있다는 것이었다. 카카오 열매는 쥐가 갉아먹을 수 있고, 담배는 품질이 떨어지며, 버터는 녹아 버린다. 소는 다리가 부러지고 늑대들이 당신의 양을 집어삼킬 수 있을 만큼 한밤중에 쉽게 죽을 수도 있다. 이 외에도 상품 화폐로 살아있는 동물을 보살피며 먹이를 주는 일은 그 자체로 비용이 드는 일이었다. 부유한 시베리아인이 그의 순록에 먹인 총 곡물 비용은 첫 계정 관리비로 간주될 수 있을 것이다. 어쨌든 이러한 모든 이유로 재산을 축적하는 일이 사실상 불가능해졌다.

상품 화폐의 또 다른 문제는 표준화할 수 없다는 점이다. 스칸디나비아의 소금에 절인 대구는 9세기에 교황 니콜라스 1세가 가톨릭 신도들이 매주 금요일에 육류를 먹는 것을 금지한 후 귀한 취급을 받았지만, 인도네시아에서는 그러한 대우를 받지 못했을 것이다.

그러고 나서 획기적인 변화가 찾아왔다. 기원전 600년경 현재는 터키가 위치한, 서쪽 끝 소아시아 반도에 자리한 철기시대의 왕국 리디아^{Lydia}에서 최초로 동전이 사용된 것이다. 이러한 동전은 금과 은을 합금한 엘렉트럼^{electrum}으로 만들어졌고, 사자 머리와 리디아 알리아테스^{Alyattes}왕의 상징물인 햇살 모양의 불꽃이 찍혀 있었다. 그리스 역사학자 헤로도토스^{Herodotos}에 따르면 리디아인은 동전을 처음으로 주조했을 뿐 아니라 고정된 장소에 상점을 설립하기도 했다. 이 화폐를 스타테르^{stater}라고 불렀다. 완전한 형태의 스타테르가 발견된 적은 없지만, 파편으로 발견된 동전 액면에는 3분의 1에서 6분의 1, 12분의 1, 96분의 1까지 잘린 사자 머리가 나타나 있었다. 의심할 여지없이, 이 동전은 왕의 아들 크로이소스^{Croesus}가 세운, 고대 7대 불가사의 중 하나인 아르테미스^{Artemis} 신전 건설에 자금을 조달하는 데 사용되었을 것이다. 뒤이어 대규모로 거래에 사용된 최초의 동전은 기원전 6세기 후반 이오니아의 그리스인이 주조한 은으로 만든 작은 동전인 헤미오볼^{Hemiobol}일 것이다.

오늘날 우리가 하는 모든 일의 가장 중요한 수단인 화폐를 만든 리디아가 어떻게 역사에서 사라질 수 있었을까? 풍요로움이 빚어낸 오만이 그 이유일 수 있다. 크로이소스가 왕위에 오르자 그는 신탁을 전하는 사제에게 페르시아를 공격해야 하는지를 물었다. 사제는 "페르시아를 침공하면 위대한 문명이 몰락하게 될 것입니다."라고 답했다. 그는 이 말이 페르시아를 의미하는 것으로 오해했다. 강력한 페르시아군은 재빨리 리디아군을 격파하고 리디아의 수도를 파괴했으며, 지중해 전역, 특히 그리스에서 빠르게 확산된 리디아의 상업 시스템을 제외하고 지도와 고대 설화에서 이 작은 왕국을 거의 사라지게 만들었다.

이 새로운 교환 수단은 유럽 전역에 존재하는 모든 조공 체제, 즉 그들의 땅에 살며 일할 권리를 얻기 위해 귀족에게 공물을 바치는 것과 충돌했다. 또한, 부와 권력의 독재적인 시스템과 새로운 민주적인 시스템 간의 충돌을 나타내게 되었다. 이 시스템은 직접적인 교류와 혈통에 의존해 온 친족 중심 사회를 약화시켰다. 동시에 표준화된 가치 교환을 통해 공동체 구축을 가속화하며, 언어나 종교, 가치관이 서로 다른 이질적인 공동체를 하나로 묶었다. 전문가들은 화폐와 그에 따른 교역로의 확대로 신흥 종교인 기독교가 확산되고 심지어 더 빠르게 전파되었다고 말한다.

따라서 젖소와 같이 실용적이거나 일과 같이 추상적인 것(기술, 힘, 시간 그 자체)을 화폐를 통해 간단히 얻을 수 있게 되면서 화폐가 최초의 사회적 네트워크가 되었다. 예술 작품의 가치나 음악 공연, 성행위는 이제 사과나 염소처럼 쉽게 정량화할 수 있었다. 봉건 영주가 소작농에 첫 번째 송아지나 많은 양의 수확물을 청구하는 대신 간단히 세금을 부과했다. 종교가 그 뒤를 따랐다. 신은 더 이상 숭배자들로부터 제물을 원하지 않았다. 신(혹은 더 정확히 말하면 대사제)은 십일조를 명했을 뿐이다. 사법제도에서는 '눈에는 눈, 이에는 이'와 같은 보복과 고문, 죽음을 없애는 대신 벌금을 부과했다.

인근의 아테네에서는 정치가, 의원이자 시인인 솔론[Solon]이 고대 그리스의 도덕적 쇠퇴에 반대하는 법안을 추진했다. 공직의 핵심 기준으로서의 고결함을 토지 재산으로 대체하여 정부의 개념을 근본적으로 바꿔놓았다. 귀족정치를 대신해 민주주의를 탄생시킨 단 하나의 수단은 화폐였다. 그리스에서 완성된 상업 사회 이전에는 모든 문명이 인구수와 폭력으로 권력을 잡았다. 아테네가 이뤄낸 번영으로 엘리트 계급이 생겨났고, 이들은 오늘날 우리가 아는 모든 것의 기초가 되는 과학, 수학, 기술, 시정학^{civics}, 언어, 역사, 미술, 교육, 건설, 농업, 철학을 창안하고 완성하는 데 충분한 여가 시간을 쓸 수 있었다. 주조된 동전으로 보편적인 공통분모가 확립됨으로써 즉각적이고 되돌릴 수 없이 인간 생활의 모든 면이 변화했다. 화폐는 물론 네 가지 브랜드 커런시 중 가장 중요한 것이지만, 화폐의 막대한 영향력은 아무리 강조해도 지나치지 않다. 인류가 조직적인 형태를 갖추고 진보를 평가하는 데 가장 중요한 단 하나의 체제는 바로 화폐였다.

화폐의 영향력

실제로 화폐는 도시 구조에 직접적인 영향을 미쳤다. 화폐가 생겨난 후, 지방의 성이 자리하는 대신 시장이 열리는 중앙광장 주변으로 도시 공간이 개발되기 시작했다. 문화 간 교역이 신속히 이루어져 지도 제작이 빠르게 발전했고, 도시와 항구 간의 가장 효율적인 도로와 선박 항로가 체계화되어 더욱 활발한 교역을 촉진했다.

서기 476년에 거대한 군사와 정부의 잘못된 자금 관리로 인해 로마제국이 멸망하면서 유럽은 암흑시대로 접어들었다. 화폐 경제가 본격적으로 다시 등장하려면 십자군 전쟁에서 성전기사단이 나타날 때까지 기다려야 했다.

지금까지 알려진 가장 오래된 지폐는 11세기 송나라가 지배하던 중국에서 만들어졌는데, 이것은 수백 년 앞선 당나라에서 사용된 상인의 예금 증서에 기반한 것이었다. 이 무렵 중국인들은 이미 수 세기 동안 구리 동전을 만들어 왔고 이 동전의 중앙에는 구멍이 뚫려 있어 사람들은 동전을 줄로 엮어서 다녔다. 짐작할 수 있듯이, 이 동전 꾸러미는 큰 거래에 사용하기에는 너무 무거웠다. 따라서 서기 640년에 중앙정부는 동전과 함께 사용할 수 있는 '지아오지jiaozi'라고 하는 지폐를 발행하기 시작했다.

환어음은 고리대금업이나 빌려준 돈에 세금을 부과하는 것을 금지한 기독교 교리의 허점을 악용한 이탈리아 북부의 은행가 가문이 서양에 처음 도입했다. '은행'이라는 단어는 '벤치bench'를 뜻하는 이탈리아어 'banco'에서 유래되었는데, 이러한 가문들의 대표가 시골 박람회에서 만난 사람들과 의자에 앉아 재정 문제를 상의했곤 했기 때문이다. 어느 나라에서 서명했든 이러한 증서는 통화 부족을 막고 돈의 물리적 한계를 없애는 역할을 했다. 또한, 어음은 그 지역에서 사용할 수 있는 금과 은의 양에 의존하는 것에서 벗어났고 수십 개의 통화 중 어떤 것으로도 작성할 수 있었고, 다른 곳에서 현금화할 수 있었다.

이탈리아 은행가들이 번창해 가던 중에 이탈리아 전역이 흑사병으로 황폐해졌지만, 이들의 원칙은 매우 합리적이어서 계속해서 살아남았다. 1400년대에 마침내 이 지역에서 흑사병이 사라지자 이들 가문은 그들이 돈을 빌리고 재산을 보호했던 귀족과 마찬가지로 교회의 고위직과 지역사회의 선망 받는 자리를 얻으려고 했다. 그래서 이들은 궁전과 예술, 대규모의 도시 주택에 엄청난 돈을 썼고, 이 과정에서 우연히 피렌체의 르네상스를 꽃피우게 되었다.

이 경쟁에 비교적 늦게 뛰어들었지만, 메디치 가문^{Medici family}은 막대한 자금을 취급하는 오늘날의 최초 국제 금융 중심가와 매우 유사하다. 메디치가의 은행은 1494년 프랑스의 샤를 8세가 피렌체를 침공하여 공화국을 무너뜨리고 그의 군대와 함께 피렌체의 모든 재산을 파리의 금고로 가져가면서 문을 닫았다. 그러나 주사위는 이미 던져졌다. 정략결혼은 물론, 유럽 전역의 정부와 교회 및 오늘날 우리가 '민간 부문'이라고 말하는 모든 분야에서 이미 높은 자리를 차지함으로써 메디치가는 당시의 가장 영향력이 있는 가문으로 자리 잡았다.

피렌체의 다른 부유한 가문과 함께 이들은 교육, 특히 손익 계산과 이자율 산출, 투기에 필수적이었던 수학을 우선시했고, 이러한 교육을 너무도 강조한 나머지 르네상스는 예술 운동이 아니라 숫자와 문자의 기본 원칙에 더 중점을 두는 것에서부터 시작되었다. 이로 인해 사용하기 불편한 로마 숫자와 주판 대신 아라비아 숫자와 철필(펜촉에 펜대를 끼워서 글씨를 쓰는 기구의 일종), 종이를 사용하게 되었고, 고등 교육을 받지 못한 일반인이 곱셈과 백분율, 분수 등의 추상적인 개념도 쉽게 이해할 수 있게 되었다. 1439년 요하네스 구텐베르크Johannes Gutenberg가 새로 발명한 인쇄기는 수학을 확산하는 데 큰 역할을 했다. 실제로 화폐 경제가 일반 서민이 세상을 바라보고 서로에게 의견을 전달하는 방식을 바꾼 곳이 바로 이곳이었다.

1492년 크리스토퍼 콜럼버스가 카리브해에 도착하고 에르난 코르테스Hernán Cortés의 정복자들이 엄청난 양의 금과 은을 페르디난드Ferdinand 왕과 이사벨라Isabella 왕비에게 보내는 보급선을 건설하고 나자 스페인 왕국은 3세기 동안 대부분의 아메리카 대륙을 지배하게 되었다. 이 황금기에 형성된 부는 세계 역사상 전례 없는 규모였고, 아메리카 대륙의 무한한 광산은 유럽과 북아프리카로 진출하려는 스페인의 제국주의적 야망에 자금을 제공했다. 정복하는 데 많은 돈을 탕진하고 네덜란드와 영국, 프랑스, 포르

투갈과의 경쟁으로 타격을 받은 후에 현금이 바닥나기 전까지 스페인은 비할 데 없이 막강했다.

콜럼버스가 푸른 바다를 항해할 무렵 현재의 체코 공화국이 자리하고 있는 보헤미아 왕국의 크루슈네 호리('크루엘 산맥')에서는 상당한 은 매장량이 발견되었다. 1518년 스테판 쉬릭^{Stephan Schlick}이라는 이름의 지방 백작이 급증하는 광산 캠프를 인수하여 성모마리아의 아버지를 기리기 위해 성 요아힘스탈^{St. Joachimsthal} 또는 '성 요아힘의 골짜기'라는 이름을 붙이고 금방이라도 무너질 듯한 곳을 손보았다. 그해 그는 금속공학자들에게 지시하여 돌로 지은 그의 거대한 성의 지하실에서 은화를 채굴하기 시작했다.

그가 만든 은화는 다른 어떤 화폐보다도 크고 무거웠다. 계곡의 광산은 매장량이 풍부했기 때문에 은화는 엄청난 속도로 주조되었고, 영국과 스페인처럼 멀리 떨어진 지역에서까지 앞다투어 그의 동전을 채택하면서 큰 인기를 누렸다. 은화가 대규모로 유통되자 독일어로 '요아힘스탈러^{Joachimsthaler}'라는 별명을 얻게 되었다. 하지만 독일인에게도 네 개의 음절은 분명 발음하기에 너무 길었고, 그래서 곧 말하기 더 편한 '탈러^{thaler}'라고 줄여서 불렀는데, 이것을 영어로 '달러^{dollar}'라고 발음했다.

'달러'는 스코틀랜드를 거쳐 영어에 편입됐는데, 스코틀랜드 시민들은 거만한 잉글랜드와 잉글랜드의 화폐 단위인 파운드화로부터 자신들을 구별하기 위해 달러를 사용했다. 1600년대에 수천 명의 스코틀랜드인이 북아메리카의 식민지로 이주하면서 이 말도 그들과 함께 따라갔다. 잉글랜드 은행이 파운드화의 수출을 금지하자, 미국의 식민지 개척자들은 다른 나라, 특히 세계에서 가장 큰 주조소를 운영하는 멕시코의 은화를 사용해야 했다. 스페인 제국의 동맹국인 멕시코는 액면가가 8스페인 레알(스페인의 옛 은화)에 해당하는 8페소 동전을 찍어 아메리카 대륙 전역에 유통시켰다. 미 달러와 멕시코 페소는 역사적으로 매우 밀접한 관련이 있어 25센트짜리 동전은 '2비트(bit, 1비트가 12센트 반에 해당한다)'로 알려져 있고, 많은 사람이 '$' 표시가 페소 뒤편에 있는 헤라클레스의 두 기둥과 S자 모양의 표지에서 영감을 얻었다고 생각한다. 실제로 멕시코 페소는 1857년 의회가 화폐법을 통과시키기 전까지 미국 전역에서 법정 통화의 지위를 가졌다.

1861년 미국의 남북전쟁이 발발하기 바로 전, 갑자기 미국 달러와 '그레이백greyback'으로 불리는 미남부연맹CSA 달러의 두 종류의 지폐가 등장했다. 흥미롭게도 루이지애나 시티즌스 뱅크Citizens Bank에서는 불어로 10을 의미하는 '딕스dix'를 한쪽 면에 인쇄한 10달러짜리 미남부연맹 지폐를 발행하여 크리올 사람들에게 융통해 주었다. 이 지폐는 '딕시^{dixie}'로 불렸고 미 남부는 '딕시의 땅'으로 알려지게 되었다.

전시에 국가들은 종종 미 재무장관 P. 체이스^{P. Chase}가 남북전쟁의 기간과 비용을 과소평가했던 것처럼 급진적이고 때로는 역사를 바꾸는 선택을 하도록 강요받는다. 에이브러햄 링컨 대통령과 그의 행정부는 연합군 병사에게 지불할 돈이 다 떨어지면서 힘든 선택에 직면했다. 자신들이 직접 지폐를 발행하거나 외국에서 돈을 빌려와 더 많은 빚을 지게 되는 것이었다. 링컨은 전자를 택했고, 그해 7월 의회에서는 금이나 은이 아닌, 미국 정부의 신뢰성만으로 보장받는 5,000만 달러의 요구불(要求拂) 약속어음을 발행하도록 승인했다. 결과적으로 이 금액은 충분하지 않았고, 따라서 일 년 후 의회에서 1억 5,000만 달러의 추가 지폐 발행을 허가했다. 이번에는 이것을 제품과 서비스로 변제할 수 있었다.

이러한 조치는 57년 후 영국이 제1차 세계대전 당시 과세기반 확대와 함께 전쟁 채권의 형태로 자국민에게 돈을 빌리고 다른 나라로부터 대출을 받으며 자금을 조달하려는 노력과 필적하게 된다. 이로 인해 영국은 거의 파산 상태에 이르렀지만, 여전히 건재함을 과시하고 있었고 따라서 빌린 돈은 공공의 이익에 기여했다. 하지만 2015년 3월이 되어서야 영국은 처음에 빌린 큰 빚을 갚을 수 있었다.

지금까지 발명의 어머니인 화폐의 흥미로운 역사를 자세히 설명했다. 정해진 가치의 가변적 특성은 화폐의 가치를 정하는 사람과 각각의 필요 상태에 따라 달라진다. 여러 세대를 지나며 가치의 개념은 각 세대별 상황에 맞게 변형되어 왔다. 오늘날의 실제 화폐 가치를 살펴보면, 미연방 조폐국에서 100달러짜리 지폐를 인쇄하는 데 드는 돈은 12.5센트에 불과하며, 따라서 나머지 99.875달러는 가짜로 위조된, 정해진 가치에 해당한다. 우리 모두가 그것이 100달러의 가치가 있다는 것에 동의하므로 이 지폐가 100달러의 가치를 가지게 된다.

과거 리디아에서 처음 동전이 만들어진 이래로 금은 모든 물리적 화폐 가운데 가장 우수한 수단으로 여겨졌다. 금은 변색되거나 산화되지 않아 화학적으로 부식될 가능성이 가장 적고 따라서 가치를 잃을 확률도 가장 낮다. 또한, 아즈텍 원주민의 카카오 열매와 마찬가지로 금은 다양한 방식(보석, 장식물, 전기 전도체)으로 활용될 수도 있다. 금의 광채가 태양과 유사하여 종교적 감정이나 초자연적인 느낌을 불러일으키기도 했기 때문에 고대 문화에서는 금의 불변성에 더 많은 의미를 부여했다. 분명 금의 가치는 시간을 초월하지만, 금은 그에 못지않은 상상에 기반하고 있다. 거래를 하는 양 당사자는 거래 조건인 금이 바뀌지 않을 거라는 믿음을 바탕으로 거래한다. 금은 시간이 지나도 변하지 않으므로 가치 교환의 항구성을 나타낸다. 이것이 신뢰의 다른 형태인 충성도가 네 가지 브랜드 커런시 가운데 하나인 또 다른 이유다.

1971년 리처드 닉슨^{Richard Nixon} 대통령이 미 달러의 금본위제를 폐지하고 달러의 가치를 미국의 명성으로 보장한다고 발표하자 '닉슨 쇼크'가 발생했다. 그는 전 세계 모든 나라가 미국의 안전성을 신뢰하고 있다고 여겼다. 2008년 노벨 경제학상을 수상한 폴 크루그먼^{Paul Krugman}은 1996년에 이러한 조치를 이렇게 요약했다. "현재의 세계 통화 체제는 금에 특별한 지위를 부여하지 않는다. 실제로 미 연방준비제도도 달러를 다른 어떤 것의 가치에 고정시킬 의무가 없다. 연방준비제도는 자신들이 적절하다고 판단하는 정도에 따라 많거나 적은 달러를 발행할 수 있다. 제약이 없는 이러한 시스템에는 강력한 이점이 있다. 무엇보다도 연방준비제도는 돈을 쏟아붓는 방식으로 실제 경기침체나 이러한 위협에 자유롭게 대응할 수 있다는 것이다. 하나만 예를 들자면, 1929년의 주가 폭락과 같이 무섭게 시작된 1987년의 주식시장 붕괴가 실물경제의 침체로 이어지지 않은 것은 바로 이러한 유연성 때문이었다."

그렇다면 돈이 시간과 지불을 보장하는 약속에 의해 늘어나는 것이 아니라면 신용은 무엇일까? 자신이 일으 킨 '충격'에 대해 닉슨은 전 세계에 "이 시스템은 우리에 게 적합합니다."라고만 말했고, 대부분의 경우 이 바뀐 제 도는 효과가 있었다. 신용 증권의 발행인은 단순히 정해진 이자율로 시간을 판매한다. 돈을 내는 기간이 더 길수록 빚을 갚는 데 더 많은 돈을 지불해야 할 것이다. 그렇지만 이 모든 것은 결국 계약일 뿐이다. 한 당사자가 계약을 위 반하면, 그의 평판에 흠집이 생기면서 나중에 돈을 빌리기 가 어려워진다. 신용이 바로 돈인 셈이다.

이것이 식권과 항공 마일리지, 가상 세계인 세컨드 라 이프의 린든 달러$^{Linden\ dollar}$ 및 기타 여러 형태의 준화폐가 작동하는 방식이다. 또한 CMO$^{Chief\ Marketing\ Officer}$(최고마케팅 책임자)가 장부를 조작하다 적발될 경우 회사의 주가가 급 락하는 이유이기도 하다. 모든 사람은 약속이 지켜지기를 기대한다. 약속, 즉 거래의 실제 가치는 원하는 모든 물리 적 또는 추상적 형태를 취할 수 있다. 혹은 아무런 형태도 없을 수 있다.

모든 거래 가운데 가장 완전한 시장으로 간주되는 외환 거래를 예로 들어보자. 두 통화 간의 관계는 각 나라의 부 채와 이자율, 물가상승률, 정부 안정성 등의 요인으로 인해 끊임없는 변화를 겪는다. 기본적으로 투기자들은 통화를 사거나 팔기 전에 수학적 계산을 활용하여 앞으로의 경제 '평판'을 결정한다. 대표적인 외환시장 거래소인 CLS는 2018년 1~3월 사이의 하루 평균 거래량을 1조 8,700억 달러로 계산했다. 정확하게 읽은 게 맞다. 하루 거래량이다. 평판 분석도 이처럼 엄청난 규모다.

우리가 신뢰하는 화폐

화폐는 심리적인 현상이며, 그 자체로 가장 인간적인 신뢰의 표현이다. 하지만 기업의 수익과 지출에 관한 한, 브랜드 소유주의 인식은 화폐를 최종 목적으로 여기도록 왜곡되는 듯하다. 나는 이러한 경향을 '주주를 즐겁게 하라.' 혹은 'PTS^{Please the Shareholders}'라고 부른다. 그렇다. 화폐는 모든 문화에서 중요하지만 결정을 내릴 때 가장 먼저 고려하는 요소가 화폐인 경우, 당신은 기업과 브랜드로서 실패의 길을 걷게 될 것이다.

지금까지 살펴본 것처럼 우리는 원하는 모든 것에 가치를 부여할 수 있고, 따라서 주주를 즐겁게 하는 대신 이 말을 '고객을 즐겁게 하라.'로 대체할 수 있을 것이다.

1장에서 언급했듯이 아마존의 리더십 원칙 중 하나는

검소함이다. 이 원칙은 화폐와 시간을 비롯해 모든 곳에 적용된다. 스팸메일을 통한 바이러스의 예방 조치, 목표가 명확하고 간결한 의제를 포함한 회의 진행은 사무실 식당에서 무료 점심을 제공하지 않고 진행하며 모든 직원에게 흑백으로 양면 인쇄를 요구하는 것만큼 검소함에 크게 기여한다. 고객의 돈은 기업의 돈과 충성도, 시간에 동력을 제공하는 배후 엔진이며, 운영비를 최소화하는 것은 고객을 위해 가격을 낮추는 일과 직결된다. 베조스는 다음과 같은 말을 한 적이 있다. "높은 수익 마진은 경쟁사의 연구 개발에 대한 투자를 정당화하고 더 많은 경쟁을 불러일으킵니다. 반면에 낮은 마진은 더 많은 고객을 끌어들이고 경쟁을 약화시킵니다." 간단히 말해 인내심을 갖고, 할 수 있는 한 최소한의 비용을 부과하며, 단기적 이익 대신 장기적 고객 신뢰에 집중하는 것이 이익이 된다는 것이다.

화폐는 인간이 발명한 것 중 가장 성공한 발명품이 틀림없다. 처음에는 유형의, 나중에는 무형의 수단을 제공하여 화폐를 통해 최고와 최악의 인간적 충동을 경험하게 했다. 기원전 85년부터 43년까지 생존했던 퍼블릴리어스 사이러스Publilius Syrus는 시리아의 노예로, 이탈리아로 끌려간 후에 놀라운 재치를 발휘하여 주인에게 해방되었다. 지금까지 전해지는 그의 작품은 도덕 격언과 시를 모아 엮은 격언집이 전부다. 책에는 "화폐는 유일하게 세상 모든 것

에 활기를 띠게 한다."라는 말이 나오고, 또 "좋은 평판은
돈보다 더 가치 있다."라는 문장도 있다. 이 말은 모두 사
실이다. 얼마 지나지 않아 그리스 성경의 라틴어 번역본에
는 "모든 악의 뿌리는 돈에 대한 사랑이다."라는 말이 등
장한다. 나는 그렇게 생각하지 않는다. 모는 악의 뿌리는
돈이 아니다. 올바르지 않은 육아가 바로 악의 뿌리다.

5장

화폐와 고객

"아이들을 훈육하는 사람들만이 높은 세금에 불평할 수 있다."

– 엉클 밀트

이제 네 가지 브랜드 커런시 중 가장 인기 있는 화폐로쉽게 접근해 보자. 여기서부터는 일종의 신세계의 미시 경제 렌즈를 통해 각 커런시를 개별적 수준에서 평가할 것이다. 미시 경제학은 경제 내의 가계, 근로자, 기업과 같은 개별적 요소에 집중하는 반면 거시 경제학은 GDP, 실업, 인플레이션과 같은 광범위한 문제를 다룬다.

지각할 수 있는 나이가 되면 우리가 하는 모든 일은 가치 교환이 된다. 무언가를 대가로 우리가 기꺼이 포기하려고 하는 것은 무엇일까? 우리는 할 수 있는 한 가장 적게 써서 가능한 한 많은 것을 얻기를 기대하며 세계를 탐색한다. 적자생존의 원칙이다. 브랜드와 맺는 관계와 브랜드가 상징하는 제품과 서비스의 경우도 마찬가지다.

각 브랜드 커런시에 대해 고객의 소비와 획득으로 이야기를 시작하고 그런 다음 브랜드에서도 같은 방식으로 이야기를 전개할 것이다. 화폐로 먼저 시작하면 정보, 충성도, 시간에서 반복하게 될 논리적 맥락을 형성할 수 있다. 이제 18세기의 전설적인 스코틀랜드 경제학자 애덤 스미스[Adam Smith]부터 살펴보자.

우리의 경제는 임금과 급여, 각종 수당을 대가로 가계가 노동자로서 기업에 노동력을 파는 시장 경제다. 의사결정은 분권화되어 수요와 공급의 법칙에 따라 생산과 노동력을 조절한다. 시장 경제의 기반은 민간 기업이다. 민간 시민 또는 시민 집단이 자원과 사업을 소유하고 운영한다. 여기서 개인의 소득은 노동력을 사회가 가치 있게 여기는 무언가로 전환할 수 있는 각자의 능력에 기반한다. 사회가 개인의 일에 더 많은 가치를 둘수록 개인의 소득은 더 높아진다. 비욘세, 조지 클루니, 제프 베조스가 대표적인 예다. 이러한 체제에서는 정부가 아닌, 시장 원리가 경제를 견인한다. 이러한 자유시장체제는 가령, 중국과 쿠바와 같은 계획경제와 정반대다. 계획경제에서는 정부가 자원과 사업을 독점하고 제품과 서비스의 공급은 전적으로 지도자의 명령에 좌우된다.

그런데 우리의 고객은 자신들이 번 돈의 대부분을 어디에 소비할까? 2017년 미 노동통계국^{US Bureau of Labor Statistics}에 따르면 미국의 평균적인 가정은 수입의 62퍼센트를 주택, 교통, 음식, 이 세 가지에 지출한다고 한다. 그런 다음 나머지 수입을 보험/연금, 의료, 오락, 의류 및 서비스, 현금 기부, 교육, 기타 항목, 개인 관리, 술, 담배, 도서 순으로 소비한다. 따라서 사람들이 미래를 위해 저축을 하지 않는 것도 놀랄 일이 아니다. 연방준비제도^{Federal Reserve}와 연방예금보험공사^{FDIC}의 자료를 바탕으로 매그니파이머니^{MagnifyMoney}가 2017년 9월에 발행한 보고서에 따르면 4,830달러 이상을 저축한 미국 내 전체 가정은 절반 미만으로 추정되었다. 실제로 저축액이 1,000달러 미만인 미국인은 거의 30퍼센트에 달했다.

노동통계국 지출목록에서 크게 누락된 한 자료는 세금이었다. 주세와 지방세는 다양한 지출 범위가 정해져 있다고 가정한다. 대부분의 미국인이 연방세를 생각할 때 가장 먼저 떠오르는 것은 매년 4월 15일이 납부기한인 소득세다. 개인 소득세는 미 연방정부 세입의 가장 큰 단일 수입원이며, 그 이유는 쉽게 알 수 있다. 보통의 미국인은 '개인 세금'으로 1만 489달러를 내는데, 이는 가계의 평균 총소득인 5만 6,000달러의 14퍼센트에 해당한다. 세금이 개별 항목에 포함된다면, 주택(1만 8,409달러)과 교통(9,503달러) 사이에서 2위 자리를 차지하게 될 것이다.

이 모든 상황을 종합해 보면 많은 미국인이 빚을 질 수밖에 없다는 것을 알 수 있다. 미 인구통계국^{US Census Bureau}과 연방준비제도의 자료를 종합한 밸류펭귄^{ValuePenguin}의 2018년 10월 조사에 따르면 평균적인 미국 가정은 5,700달러의 신용 카드 빚이 있는 것으로 나타났다. 빚이 없는 가정의 평균소득은 9,333달러고, 순자산이 가장 낮은(0 또는 마이너스) 가정은 평균 1만 308달러의 신용 카드 빚을 지고 있었다. 모두 합해 소비자 부채는 3조 9천억 달러고 리볼빙^{revolving}(약정된 결제일에 최소의 금액만을 결제하고 나머지 대금은 대출로 이전하는 방식) 부채는 1조 3천억 달러다.

부의 상대성

전 세계적으로 미국인은 낙관적인 사람들로 여겨진다. 이런 낙천적 성향은 브루클린 태생의 경제학자 밀턴 프리드먼^{Milton Friedman}이 1957년에 발표한 기념비적 저작《소비 함수 이론^{A Theory of the Consumption Function}》에서 예감한 바 있다. 그는 이 책에서 수행한 소비 분석에 관한 연구로 1976년에 노벨 경제학상을 수상했다. 책에서 프리드먼은 항상 소득이론을 전개하며, 개인의 소비는 언제든 현재 소득이 아니라 미래의 기대 소득, 즉 '항상 소득^{permanent income}'으로 결정되는 것으로 가정했다. 뽀빠이에 나오는 윔피^{Wimpy}의 말을 빌려 쉽게 표현하자면 "오늘 먹는 햄버거는 화요일에 기꺼이 돈을 낼게요."라고 말하는 셈이다.

돈에 대해 사람들이 갖는 태도는 분명 상대적이지만, 돈으로 살 수 있는 행복은 상대적이지 않을 수도 있다는 점이 밝혀졌다. 프린스턴대 우드로 윌슨^{Woodrow Wilson} 스쿨의 2010년 연구에 따르면, 연간 7만 5,000달러 이상을 버는 경우 정확히 7만 5,000달러를 버는 사람과 똑같은 만족감을 느끼는 것으로 나타났다. 더도 덜도 아니었다. 물론 연간 소득이 그 아래로 떨어지면 떨어질수록 행복감도 그만큼 더 줄어들게 된다. 반면 헬스웨이스^{Healthways}와 갤럽^{Gallup}이 2008과 2009년에 실시한 설문 조사에서 45만 명의 응답자가 7만 5,000달러 넘게 벌고 나면 아무리 더 많은 돈을 벌더라도 더 이상 행복해지지 않았다고 답했다.

부는 상대적이다. 곰곰이 생각해 보면 돈이 자동으로 행운을 뜻하는 것이 아니기 때문이다. 그보다 부자가 되는 것은 선택과 관련이 있다. '폰지 사기(다단계 금융사기)'를 벌이다 체포된, 수백만 달러를 스위스 은행에 넣어 둔 사람에게 감옥에 앉아 있으면서 부유하다고 느끼는지를 물어봐라. 돈은 많지만, 그에게 가장 중요한 것은 돈이 아니다.

그의 유일한 선택 사항은 교도소 마당에서 어느 패거리를 피해야 하는지다. 대리인으로서 진정한 능력은 고객에게 그들의 돈으로 선택할 수 있는 가장 많은 선택권을 주는 데 있다. 이것이 아마존이 큰 성공을 거둔 이유다. 아마존은 '지구상에서 가장 많은 선택권'을 제공한다. 선택은 금이다.

애덤 스미스가 알려주었듯이 고객은 자신들의 노동력을 기업에 팔아 돈을 받는다. 애덤 스미스는 부를 상속받을 수 있다는 점을 빠뜨렸지만, 상속은 다른 누군가의 일이나 고대의 고용 형태였던 왕족의 정복 활동의 지연된 결과물일 뿐이다. 이 책을 쓰고 있는 시점에서 미국의 실업률은 50년 만에 최저치에 근접하고 있다. 그러나 이 지점에서 미시와 거시 경제학이 갈라지게 된다.

사실 대부분의 미국인의 임금은 스태그플레이션, 즉 인플레이션으로 악화된 임금 스태그네이션으로 인해 매년 감소해 왔다. 월스트리트가 지난 10년간 호황을 누리는 동안에 경제협력개발기구^{OECD}의 보고서에 따르면 정책 입안자들은 경영진과 주주의 이익을 늘리는 높은 경제 성장을 이루는 대신 노동자의 영향력을 약화시키는 시스템을 만들려고 노력해 왔다. 미국에서는 약 15퍼센트의 근로자가 중간 임금의 절반에도 미치지 못하는 임금을 받는다. 스페인과 그리스는 이보다 낮은 수준이다. 소득 불평등, 즉 하위 10분위 소득 대비 90분위 소득의 비율은 미국이 이스라엘 다음으로 높았다. 이러한 통계와 함께 미국의 근로자가 대부분의 나라보다 더 적은 보장을 받고 실직 시에는 슬로바키아를 제외한 모든 선진국보다 더 적은 수당을 받는다는 사실을 생각해 보라. 그러면 우리의 고객이 다소 긴장된 환경에 처해 있다는 것을 알 수 있을 것이다.

물론 앞서 언급한 주식 호황은 일부 고객에게 재량 소득을 늘릴 또 다른 방법을 제공하지만, 수학적으로 그럴 가능성은 낮다. 뉴욕대의 경제학자 에드워드 울프$^{Edward\ N.\ Wolff}$에 따르면 미국의 상위 10퍼센트에 속하는 가정이 2016년 전체 주식의 84퍼센트를 소유하고 있었다. 아마도 더 놀라운 사실은 상위 1퍼센트의 가정이 전체 주식의 약 40퍼센트를 소유한다는 점이다. 이러한 격차가 점점 벌어지고 있다.

의미하는 바

이것이 당신과 당신의 브랜드가 맞닥뜨리고 있는 상황
이다. 고객에게 각자 다른 길을 가자고 말할 것인가? 담보
대출을 기다리는 줄에 서고 출근하는 차에 몸을 싣고서 아
침, 점심, 저녁을 먹어라. 그리고 겸손하게 자신을 낮추고
서비스를 제공할 준비를 해라. 이것이 고객을 대신해 비용
을 낮추는 것이 유일하게 합리적인 지점이다. 일회성 할인
은 더 이상 유용하지 않다. 나는 거의 모든 온라인 쇼핑몰
에서 계산할 때 해당 사이트나 브랜드에 대한 충성도 없이
도 쉽게 할인 쿠폰을 검색할 수 있고, 이미 마진이 얼마 남
지도 않을 가격에서 몇 퍼센트를 할인받아 구매한다. 이것
이 바로 고객 서비스에 인색하면 종이에 목을 살짝만 베여
도 죽을 수 있는 이유다. 피를 흘릴지 말지의 문제가 아니
라 언제 흘리느냐가 문제다.

또한, 인식된 가치가 아마존 프라임^{Amazon Prime}과 그 뒤에
나온 프라임 나우의 성공에 큰 역할을 한 이유도 이것 때문
이다. 2005년 투자분석가들의 경고와 달리 점점 더 많은
추가 혜택을 포함한 현재의 연회비 119달러는 아마존을
더 강력한 유통업체로 만들었다. 2일 무료배송, 비디오 및
음악 스트리밍, 프라임 데이^{Prime Day}와 기타 행사 및 서비스
이용, 미국 내 52개 도시와 수십 개의 해외 도시에 수백만

개의 제품을 2시간 내 무료 배송하는 프라임 나우, 독점 계약 및 전용 제품과 같은 더욱더 많은 혜택을 제공하면서 아마존 프라임은 유통업체의 킬러 앱이 되었다.

세계에서 가장 부유한 미국에서조차도 화폐는 고객에게 매우 중요하다. 하지만 화폐가 가장 중요하다고 생각한다면, 그 생각을 즉시 버려라. 우리가 곧 살펴볼 새로운 테크노미에서는 다르게 생각하고 있다. 그때까지 브랜드의 관점으로 화폐를 바라보자.

6장

화폐와 브랜드

"비틀즈에게는 미안하지만, 사랑으로 돈을 얻을 수 있다."
('Can't buy me love(사랑은 돈으로 살수 없다)'라는
비틀즈의 노래 제목을 응용해 사용했다.)
―엉클 밀트

내 무릎은 예전과 같지 않다. 런던에서 도쿄까지 12시간 비행을 하면 이 사실을 더욱 분명히 느끼게 된다. 아, 아시아에 이코노미석을 타고 갈 수밖에 없다니. 세관을 통과한 직후 도쿄 국제공항의 중앙 홀에서 익숙한 파란색 패키지를 발견하자 애드빌^{Advil}(진통제 상표명)에 대한 나의 브랜드 충성도가 작용하면서 아마존 리더십 원칙의 검소함

으로 초래된 부어오른 관절이 가라앉기 시작한다.

앞서 강조했듯이 브랜드는 회사가 아니다. 브랜드는 스토리다. 스토리는 돈을 쓰거나 벌 수 없지만, 브랜드 소유주는 그렇지 않다. 그렇기에 브랜드를 운영하는 조직과 사람들을 포함해 '브랜드'의 의미를 확장함으로써 그 경계를 모호하게 할 것이다. 사람들은 브랜드와 교감하고 끊임없이 자신들이 생각하는 스토리로 수정한다. 따라서 우리는 소비자의 관점에서 브랜드 '소비'를 고객 경험에 영향을 미치는 기업의 자원 배분, 마케팅 등으로 언급할 것이다.

수년간의 내 경험에 의하면 대부분의 브랜드 소유주는 신중하게 소비한다. 기업 내 모든 부서와 마찬가지로 마케팅, 광고, 브랜드관리 부서 등은 모두 회계연도가 시작될 때 CFO^Chief Financial Officer(최고재무관리자)로부터 예산을 지원받는다. 이러한 예산은 해마다 증가하는 사업이 성공하거나 좌초됨에 따라 늘어나거나 줄어든다. 보통은 후자가 많다. 기업에서는 한 푼이 아쉽고 인내심은 한정되어 있다. 〈포브스^Forbes〉에 따르면 2018년 3월 기준 CMO의 평균 재임 기간은 2014년 48개월에서 하락한 44개월로 나타났다. 기사에서는 또 중간 재임 기간을 31개월로 산정했다. 이는 매출 어트리뷰션 기술(다양한 전략이 매출에 어떤 영향을 주었는지를 측정하는 기술)의 등장으로 지출 달러당 전환 기대치가 크게 상승한 것이 주된 원인이다. NFL(미국 프로 미식축구 연맹)의 수석코치와 크게 다르지 않은 기간이다. 몇 년 안에 뚜렷한 성과를 내지 못하면 가차없이 짐을 싸 떠나야 한다.

브랜드, 지출, 동요

나는 급료와 부동산 및 시설을 포함한 고정비, 공급자와 판매자 계약 등의 항목을 생략할 것이다. 대신 고객에게 영향력을 미치기 위해 브랜드가 어떻게 소비하는지에 초점을 맞추자.

고객은 아마존이 생각하는 바와 같이 제품이나 서비스를 구매하는 사람뿐 아니라 직원, 언론, 규제 당국, 당신의 브랜드 이름을 들어 본 사람을 포함해 브랜드와 소통하는 모든 사람일 수 있다는 점을 명심해야 한다.

기업은 어디에 돈을 쓸까? 시장 조사 기관의 CMO 설문 조사의 2017년 8월 보고서에 따르면 349명의 CMO 응답자가 총 수익의 7~12퍼센트를 마케팅 예산에 쓰는 것으로 나타났다. 아마존과 같은 몇몇 회사에서는 기업 홍보를 우선시하지 않으며, 대신 그 비용을 연구 개발 예산에 다시 투자하여, 더 많은 종류의 향상된 제품을 통해 기업을 홍보하는 것을 선호한다. 입소문과 SNS를 통한 공유가 소비자 인식과 참여를 촉진하는 확실한 방법이라고 여기는 이러한 기업에서는 혁신이 새로운 마케팅이다.

지금 현재 미국의 광고 지출은 말 그대로 기로에 서 있다. 마케팅 시장 조사업체eMarketer가 2018년 10월에 발표한 '2018 미국 광고 지출' 보고서에 따르면 디지털 미디어에 할당되는 광고비가 2019년 처음으로 기존 미디어를 따라잡을 것으로 예상했다. 2018년 상반기에 디지털 광고 투자가 2018년 3월의 예상치인 1,073억 달러를 넘어섰고 연말까지 1,111억 4천만 달러에 이를 것이라 예측했다. 2019년에는 디지털 미디어가 전체 광고비의 55퍼센트를 차지할 것으로 짐작했다.

물론 광고는 브랜드가 자원을 배분하는 여러 방식 중 하나에 불과하다. 하지만 이것이 기업 전체에 미치는 영향은 귀중한 자금을 고객 경험을 향상시키는 일에 쓸 수 없게 되는 것을 뜻한다. 기업이 법인세를 낮추기 위해 워싱턴의 의원을 상대로 로비를 벌이는 데 더 관심이 있다면, 로비에 쓰인 수백만 달러는 고객서비스센터를 확충하는 데 쓰일 수 없을 것이다. 기업이 제대로 된 기업 시민의식을 보이지 않고 계속해서 법정에 모습을 드러낸다면, 기업을 변호하기 위해 필요한 돈은 가격을 낮추고 배송 시간을 줄이는 기술 개발에 사용될 수 없다. 실제로 조직 내 모든 분야에서의 제약은 보류된 예산이 고객을 위해 사용된다면 장기적인 사업 성공과 직결될 수 있다.

직원들에게 아마존은 데이터, 규율, 성과 우선주의 등의 많은 것들과 동일시된다. 모든 것은 주도면밀하게 정량화되어 실용적인 최소한도로 줄인다. 회의 시간 축소, 잉크와 토너 절약, 매주 오후 6시 이후 에어컨 끄기 등은 이 중 몇 가지에 지나지 않는다. 사람도 마찬가지다. "우리는 여기서 효율성을 경영한다."라는 말은 가장 흔히 듣게 되는 말이고, 종종 "우리는 사람이 아닌 머리를 써서 문제를 해결한다."라는 말이 이어지기도 한다. 검소함을 실천하는 사례를 더 많이 열거할 수는 있지만, 이미 무슨 말을 하고 있는지 알 것이다. 고객의 비용을 낮추기 위해 돈을 절약할 수 있는 방법이라면 모든 방법을 헤아려 보아야 한다는 것이다. 이런 원칙에 따라 12시간을 이코노미석으로 비행하는 것은 결코 유쾌한 일이 아니지만, 시간이 지나면 이러한 방침을 이해하며 다른 사람들과 함께 적응하는 법을 배우게 된다.

또한, 모든 기업과 마찬가지로 아마존은 전자상거래 사업 외에 수익을 창출하는 아마존 웹 서비스와 아마존 애드버타이징 등 운영비^{OpEx}와 자본 지출^{CapEx}에 사용되지 않는 계속해서 증가하는 여유분의 현금원이 있다. 대다수의 기업과 달리 아마존은 쓸 수 있는 모든 돈을 모아 다시 사업에 투자하여 가격을 낮추고 더 많은 양질의 정보를 제공하며, 충성도를 높이고, 시간을 절약한다. 이러한 방식으로 인해 월스트리트에서는 몇 년 동안 아마존을 'Amazon.org'로 불렀다. 주주 가치 증대를 위해 성장하는 것을 기피하는 아마존의 정책을 비꼬아 이윤을 추구하지 않은 기업의 의미로 '.org'를 사용하여 아마존에 낙인을 찍었다. 현재 아마존의 주주들은 가능한 최대한의 자본 지출을 만들어 낸 결과에 만족스러워하고 있다. 지난 몇 년간 전략적으로 타이밍을 맞춘 채권 판매와 함께, 증가한 자본 지출은 아마존이 분야별로 사업을 확장해 가는 데 크게 도움이 되었다.

당연한 얘기지만, 기업은 개인, 다른 사업체, 정부에 제품과 서비스를 판매해 돈을 번다. 공기업의 경우 브랜드가 종종 투자자로부터 자본을 끌어오는 데 많은 역할을 한다. 기업의 명성이 높으면 높을수록 개인이나 기관이 그 기업의 주식을 소유하고 싶은 마음이 더 커지게 된다. 엄격한 운영 방식과 혁신을 향한 확고한 의지로 인해 아마존의 '.org'는 시장에서 천천히 아마존 '.com'으로 바뀌어 갔다. 이 글을 쓰는 시점에 아마존의 시가총액은 2년 전보다 두 배 이상 상승한 8,230억 달러를 기록하고 있다.

반면에 당연한 얘기지만, 브랜드는 경제적 처신으로 타격을 받을 수 있다. 횡령이나 노골적인 사기 등의 명백한 경우 외에 소비자가 생각하는 브랜드 스토리는 금융 샌드박스에서의 브랜드의 행동 방식에 따라 크게 바뀔 수 있다. 주식에 돈을 투자한 사람들은 다른 누군가와 마찬가지로 고객이고, 거래 데스크의 돈으로 주식을 대량 구매하는 기관투자자의 직원 역시 고객이다. 그렇지만 아마존을 지나치게 낙천적으로만 바라보지 말자.

이러한 경제적 문제에 관한 한 아마존 얘기는 꺼내기 힘들다. 미국에서 낮은 연방 세율을 적용받고 해외에서 대규모의 세금 감면 혜택을 받는 것에 대해 아마존은 마땅한 비난을 받아 왔기 때문이다. 내가 일할 당시 내부적으로 이 문제를 경영진에게 제기했을 때 우리는 아마존이 법률 규정을 완벽하게 따르고 있다고 확신했다. 직원으로서 내가 알았거나 회사를 떠난 후 읽은 자료 중 어떤 것에도 이와 반대되는 내용은 없었다. 사람들은 모두 많은 세금을 부담하고 있기 때문에 이 문제는 브랜드에 부정적인 감정을 불러일으켰다.

브랜드가 돈을 소비하는 또 다른 민감한 분야는 정치자금 기부와 정보, 연줄, 그 밖의 여러 수단을 동원해 의원의 표에 영향력을 행사하는 로비활동이다. 로비는 오랜 기간 존재해 왔고, 영국 의회의 로비에 그 기원을 두고 있다. 유권자들은 로비에서 서성이며 의원들을 기다리다가 이들이 휴회하고 복도에 나오면 법안을 호소하곤 했다. 원칙대로라면 로비는 완전히 합법적인 활동이다. 미국 헌법 제1조는 "의회는…정부에 탄원할 수 있는 사람들의 권리를 제한하는…어떠한 법률도 만들 수 없다."라고 말하고 있다. 따라서 엄밀히 말해 로비는 회사의 명성에 위협이 되어서는 안 된다. 그렇지 않은가?

중요한 점은 개인으로서 우리 대다수는 로비스트가 될 여력이 없다는 사실이다. 즉, 다루게 될 이해관계는 주로 가장 부유한 미국인, 주요 기업, 특수 이익 집단의 이해관계를 의미한다. 2016년 1,027명의 성인을 대상으로 실시한 갤럽^{Gallup} 여론 조사에서 응답자의 64퍼센트가 주요 기부자들이 법안에 '많은' 영향력을 행사한다고 믿었다. 반면 14퍼센트의 응답자만이 정치인의 지역구 유권자가 영향력을 가진다고 생각하는 것으로 나타났다. 양 진영의 미국인들이 모두 무언가에 동의할 수 있다는 것을 증명하면서, 그 수치가 정치 영역 전반에 걸쳐 매우 유사하게 나타났다.

미국 책임정치센터^{CRP}가 운영하고 있는 '오픈시크릿(opensecret.org)' 사이트에 따르면 2017년에 총 33억 7천만 달러가 로비활동에 쓰였다고 보고하며, 제약/건강식품 및 보험 분야가 각각 27억 984만 983달러와 45만 3,585 달러를 지출해 선두를 차지했다. 비산업 협회 또는 상공 회의소와 같이 가장 많은 돈을 쓴 기업은 블루크로스 블루 쉴드Blue Cross Blue Shield(미 건강보험회사 연합)로, 2,433만 306달 러를 기록했다. 이러한 합법적인 거래에 참여하는 것으로 브랜드를 손상시킬 수 없다고 여기는 것은 순진한 생각이다. 2013년 갤럽 여론조사에서 의회와 로비스트가 정직성 면에서 자동차 판매원보다 낮은 최하위로 꼽혔다. 혹시 당신 회사의 브랜드를 이런 식으로 지키고 있지는 않는가?

미국 정부에는 전반적으로 뛰어난 브랜드가 없으며, 불쾌한 감정이 평범하지만 중요한 많은 문제에까지 확대된다. 2005년 로이터Reuter 통신은 미국 소비자가 전 세계적으로 가장 많이 팔리는 20개의 의약품에 대해 영국 소비자보다 3배 더 높은 가격을 지불하고 있다는 보도자료를 발표했다. 영국에 살 때 나는 이것을 직접 경험했다. 작게는 니코렛Nicorette(니코틴이 든 금연용 껌) 껌에 이르기까지 약국에 있는 모든 것이 미국보다 훨씬 저렴했다. 정부의 가격 통제가 없어 미국인들은 단체로 골머리를 앓고 있다. 제약 산업이 로비에 앞장서고 있는 것은 다 아는 일이기 때문이다. 그런데 똑같은 약이 여전히 브라질보다 17배나 더 비싸게 팔리고 있다. 이 사실만으로도 당신을 슬프게 하기에 충분하다.

앞 단락의 내용은 모든 브랜드에도 적용할 수 있는 얘기다. 고객으로서 많은 돈을 지불하고 무언가를 구입하는 데에는 아무리 적은 액수라 하더라도 좋은 품질이나 혁신을 경험하지 못한다면 자신이 이용당하고 있다는 것을 쉽게 알 수 있다. 모든 브랜드는 이것이 부당한 일이라는 것을 알며, 이제는 나를 비롯해 모든 사람 안에 적을 만들고 있다. 이것이 지난 10년간 두 번의 대규모 유통업 격변이 일어나게 된 이유다.

혁신, 탈중개화

매트리스는 전 세계적으로 290억 달러에 달하는 산업이다. 2014년에는 아주 소수의 사람만이 온라인 전용 침대 회사에 대해 들어 본 적이 있었고, 이들 중 대부분은 회사가 잘될 것이라고 생각하지 않았다. 하지만 지난 몇 년간 아주 많은 고객이 매트리스 매장에 직접 방문하지 않는 추세가 이어졌다.

뉴욕에 본사를 두고 있는 캐스퍼^{Casper}를 예로 들어보자. 캐스퍼는 '독자적인 방식으로 조합한 고밀도 폼'으로 무장하고 거대 매트리스 기업과 맞붙었다. 혁신적인 제품을 만들고, 가격을 낮추었으며, 무료 반품과 함께 100일간의 무료 체험 기회를 제공하고, 박스에 포장해 집 앞까지 배송했다. 소문은 순식간에 퍼졌고, 사람들과 언론은 주목하기 시작했다. 예를 들어 미국 시사 주간지 〈타임^{Time}〉은 캐스퍼의 침대를 2015년 가장 혁신적인 제품 중 하나로 선정했고, 미국 비즈니스잡지 〈패스트 컴퍼니$^{Fast\ Company}$〉는 2017년 '가장 혁신적인 기업' 상을 수여했다. 그들의 웹사이트에 따르면 '미국 매트리스 브랜드 1위'가 되었다고 말한다. 이와 대조적으로 씰리^{Sealy}는 GE보다 11년 앞선 1881년도에 설립되었고, 20세기 중반에는 세계 최대의 매트리스 회사였다. 씰리는 어떻게 이 작고 유행에 민감한 기업에게 기습당할 수 있었을까? 왜 고객의 말에 귀를 기울이지 않고 혁신하지 않았을까? 고객의 돈으로 이들은 무엇을 하고 있었던 걸까?

마찬가지로 남성 생활용품 역시 전 세계적으로 210억 달러로 추산되는 대규모 사업 분야다. '안전면도기'라는 말은 1847년에 윌리엄 헨슨$^{William\ Henson}$이 특허 신청에서 처음 사용한 말로, 그는 자신이 발명한 이 면도기를 '흔한 괭이의 형태'와 어느 정도 닮은 것으로 묘사했다. 그 후 1901년에 질레트^{Gillette}가 설립되었고, 25년 후에는 쉬크^{Schick}가 등장했다. 그런 다음 이 두 기업이 여러 세대 걸쳐 업계를 지배했다.

시간을 되돌려 92년 전의 한 파티로 가보면, 두 남자가 면도날 가격이 얼마나 터무니없는지, 또 면도날을 빼려고 약국 직원을 부르는 우스꽝스러운 종을 울리는 일이 품위를 얼마나 떨어뜨리는지에 대해 얘기하는 걸 볼 수 있다. 이러한 이유로 마크 레빈^{Mark Levine}과 마이클 더빈^{Michael Dubin}은 달러 쉐이브 클럽^{Dollar Shave Club}을 창업하게 되었다. 5년 후에 이 스타트업은 들리는 얘기로는 현금 10억 달러에 유닐레버^{Unilever}에 인수되었다. 질레트는 수백만 명에 이르는 소비자층과 세계적인 발자취, 110년의 역사를 가지고 있어 온라인 구독 모델, 개선된 디자인, 품질 높은 제품을 적정 가격에 제공할 여력이 있다. 대신에 이들은 소비자의 돈을 다른 일, 가령 15년 동안 연간 800만 달러를 지불해 사람들이 여전히 폭스버러^{Foxboro}라고 부르는 경기장의 명명권을 얻은 것과 같은 일에 써 버렸다.

각 업계에는 빠르게 추격해 오는 기업이 기회를 잡을 수 있는 충분한 여지가 남아 있다. 캐스퍼는 리사^{Leesa}, 터프트 앤 니들^{Tuft & Needle}, 퍼플^{Purple} 외의 수십 개의 다른 업체가 생겨나는 데 영향을 미쳤다. 달러 쉐이브 클럽에 이어 2013년에 해리스^{Harry's}가 면도기 사업에 합류했고, 그 후 모건스^{Morgans}와 버치박스 맨^{Birchbox Man} 등의 기업이 뒤를 이었다. 거대한 기존 기업들이 비대해진 연구 개발 주기에 발목 잡히지 않는 스타트업의 속도와 민첩성으로 혁신을 하기에는 너무 늦지 않았을까? 이미 늦었을 수도 있지만, 대안을 고려해 볼 수 있다. 달러 쉐이브 클럽의 창업자 마이클 더빈은 2018년 5월 에모리 대학의 졸업식 축사에서 삶에서의 선택의 중요성을 강조했다. 그가 구체적으로 설명한 6가지의 선택 가운데 3위인 "불편한 것에 편안해져라."는 내가 가장 좋아하는 말이다. 아무도, 브랜드 소유주나 중요한 누군가 혹은 당신의 사장도 불편한 것을 좋아하지 않는다. 하지만 나는 파산하는 것보다 더 불편한 것은 거의 생각할 수가 없다. 고객의 돈을 가지고 어리석게 굴면 다음 차례는 당신의 회사가 될 것이다.

아마존에서는 거만하고 느린 회사를 가리켜 '데이2^{Day} ^{2}' 기업이라고 부른다. '데이1$^{\text{Day 1}}$'은 오늘이 마치 사업을 시작하는 첫날인 것처럼 항상 안주하지 않으며 겸손한 태도로 고객에게 봉사하겠다는 일념을 나타내는 두 단어의 약속이다. '데이1'은 결코 배우는 것을 멈추지 않으며, 한정된 자원을 바탕으로 적극적인 노력을 펼쳐야 하는 것을 의미한다. 문제를 해결하기 위해 또 다른 문제를 만들어서는 안 된다.

2017년 20년 만에 다시 주주에게 보낸 편지에서 베조스는 이렇게 호소한다. "'데이2'는 건망증입니다. 그다음에는 무관심이 따라오죠. 그리고 견딜 수 없고, 고통스러운 퇴보가 이어집니다. 그러고 나서 죽음에 이르게 됩니다. 이러한 이유로 항상 오늘이 '데이1'이 되어야 합니다."
아마존의 공식 블로그 명칭과 같이 시애틀 구내의 한 건물
도 '데이1'이라고 부른다. 아마존에 다니는 동안은 도처에
서 이 말을 들을 수 있다. "그건 '데이2' 사고방식이야." 이
는 아마존에서 욕설로 가득한 모욕에 해당한다.

내가 근무하는 동안 가장 심한 '데이2'의 행동을 하는
기업이 미국에서 가장 크고 오래된 몇몇 브랜드였는데, 이
런 곳에서는 당구 큐대로 동료의 눈을 찌르는 정도의 일을
저질러야 해고될 것이다. 그 결과 모든 사람이 주목받지
않으려고 최선을 다하는 천편일률적인 사무실 공간에서
아무도 위험을 감수하거나 심지어 발언하려고도 하지 않
는다. 또 이직률이 아주 낮기 때문에 안일함이 만연해 있
어 운영비 역시 지나치게 많이 소요된다.

이곳의 직원들은 서로에게 이렇게 속삭인다. "일 년만
더 기다리면 은퇴야. 내가 떠나고 나면 네가 하고 싶은 걸
마음대로 해. 제발 부탁인데, 일을 벌이지 말고 혹시 그렇
게 하더라도 나는 끌어들이지 말아 줘." 이런 기업에 만연
한 시대착오적인 사고방식의 문제는 언제든 은퇴를 1년
앞둔 고위직 임원이 계속해서 나올 수 있다는 점이다. '데
이2' 기업의 임원 누구도 실패하기를 바라지 않으며, 따라
서 일상적인 결정을 내리는 데에도 아주 오랜 시간이 걸

린다. 결국 중요한 일이 아무것도 성사되지 않는다. 무엇보다 심각한 점은 이 비대한 인력이 회사에 남아 있기 위해서는 가격을 올려야 하고 이 대가를 지불해야 하는 것은 바로 고객이라는 점이다. 스타트업이라면 지금 당장의 성장으로 결코 병적인 비만에 이르지 않을 것이라고 스스로에게 다짐하기 바란다. 아마존은 세계적으로 50만 명이 넘는 직원이 있지만, 장담하건대 아마존을 묘사하는 데 사용할 수 있는 말 중에서 결코 등장하지 않을 단어는 '느림'과 '위험 회피'다.

한 가지 더 생각해 볼 문제가 있다. 도전적인 브랜드를 시작하거나 당신의 회사를 좀 더 민첩하고, 고객 중심적인 기업으로 바꿀 방법을 모색하고 있다면, 매끈한 면도기 디자인이나 상자 속의 침대를 비롯한 저렴한 제품으로는 시장 점유율을 얻을 수 없을 것이다. 에어비앤비[Airbnb]와 우버[Uber]의 경우를 살펴보자. 이들은 빈 공간과 같이 단조로운 주변을 완전히 다른 방식으로 생각하여 엄청난 숙박 서비스와 이동성 산업으로 탈중개화를 실현했다. 집에 사용하지 않는 방이나 의미 없이 그냥 주차된 차가 있는가? 누군가 빌리려고 한다면, 그것으로 돈을 버는 것도 나쁘지 않을 것이다. 해결책은 도처에 있다. 결코 고려해 본 적 없는 곳을 찾아보라.

최근에 나는 벤처 자본가이자 암호화폐 개척자인 빌 타이Bill Tai가 이곳 뉴욕에서 주최한 광고 위크Advertising Week 강연에 참석했다. 그곳에서 그는 중요한 핵심을 파악하는 데 도움되는 아주 인상적인 말을 했다. '에어비앤비는 숙박업체가 아니고 우버는 운송회사가 아니다. 이들은 가장자리에서 소비자 가치가 생성되는 지점을 확보한 클라우드 기업이다.' 나는 이것이 정확한 핵심을 나타내는 말이라고 생각했다. '데이터를 사용하여 사람들의 미충족 욕구를 찾은 후 고객이 당신에게 준 돈을 정확히 그곳에 써라.' 이것은 확실히 1900년대 철도업계 거물이 그들의 산업에 대해 생각한 방식은 아니며, 이로 인해 이들은 비행기 사업을 소유할 일생일대의 기회를 놓치게 되었다. 대형 철도업체는 토지와 물류 전문지식, 확실한 재정적 능력을 가지고 있었지만, 스스로를 이동성이 아닌 열차 제공자로 여기면서 세상을 바꿀 역사적인 기회를 놓치고 말았다.

요약하자면 당신의 사업이 소유한 그 돈은 고객이 있기 때문에 가능하다. 물론 법인세 감면이나 법의 허점을 통해 절약한 돈이 있을 수도 있지만, 전통적인 수입에 관한 고객이 이리저리 생각하고 고려하며 약속을 대가로 당신에게 주려고 결정하기 전까지 돈은 고객의 것이었다. 이상하게도 기업은 시간이 지나면 쉽게 거만해진다. 달걀 한 판의 가격이 얼마인지를 묻는 질문에 답하지 못하며, 서민과는 거리가 멀다는 것을 증명하는 정치인처럼 기업은 자신들에게 먹을 것을 주는 고객의 손을 물어버린다. 이는 기업이 고객을 생각하지 않기 때문이다. 사용할 수 있는 모든 돈을 고객에게 써라. 고객에 대해 배우고, 고객의 말에 귀 기울이며, 신속하게 대응하고, 고객을 기쁘게 하고, 고객의 요구를 예측하며, 당신이 아닌 고객의 돈을 절약하라. 현대 비즈니스에서 어떤 것도 이보다 더 간단하거나, 어렵거나, 중요하지 않다. 비행기의 이코노미석에서 당신의 무릎이 부어오를 수 있지만 자존심이 상하는 일은 없을 것이다.

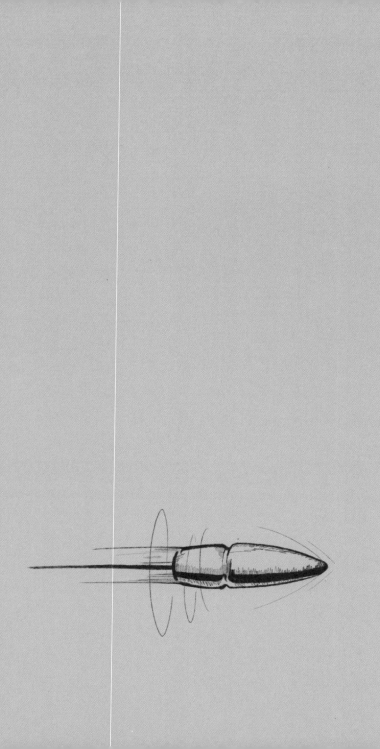

3부

정보

데이터를 생성하고 확보하여
고객에게 서비스를 제공한다

7장
정보의 기원과 발전

"사람과 자연의 일에서 패턴을 찾아라.
패턴은 결코 우연히 발생한 것이 아니다."

—엉클 밀트

로쿤제^{Lokounje}강을 따라 그림자가 길게 늘어졌다. 땅거미가 지면 이곳은 고요해진다. 나무들이 빽빽이 들어선 숲에서 덤불종다리가 지저귀고 침팬지의 날카로운 외침이 들려오는 게 전부다. 카메룬 남쪽에서는 귀뚜라미의 울음과 모기와 파리의 윙윙거리는 소리가 끊이질 않아 멜랑주^{mélange}에 주목할 수 없게 만든다. 마침내 태양이 짙은 녹색의 우거진 숲 뒤로 내려앉고, 아침이 지나고 처음으로 노곤함이 느껴진다.

황혼이 되면 멀리서부터 침묵이 깨진다. 다바-부 다-바 밥-부-다 밥-부-다. 한 노인이 그의 오두막 입구에 나와 강 쪽으로 머리를 젖힌다. 숨을 깊이 두 번 들이마시고 난 다음, 이 동작을 다시 반복한다. 숲속 정원에서 돌아오는 길에 한 여인이 가던 길을 멈추고, 남자처럼 머리를 강 쪽으로 비스듬히 기울인다.

오두막 사이의 공터에는 곧 십여 명의 마을 노인이 모여들어 자신들의 언어인 불루어^{Bulu}로 '안토 아네 조몰로 조몰로^{Anto ane jomolo jomolo}'라고 속삭이는데, 들릴 듯 말 듯 아주 조용히 말해 실제로는 거의 입술만 움직인다. "그가 점점 쇠약해지고 있어." 마을 사람들은 묵묵히 자신들의 집으로 돌아가 이웃 부족에게 줄 선물을 준비하며, 아침 행렬을 위해 달걀과 플랜테인^{plantain}(채소처럼 요리해서 먹는 바나나의 일종), 옥수수, 참마(열대 뿌리채소)를 챙긴다.

새벽이 되자 불루족은 새로운 소리를 듣는다. 바-바 무 밥-아-부 밥-아-부 밥-아-부 밥-부-다. "가슴에 두 손을 모아라 모아라 모아라." 서쪽으로 5마일 떨어진 곳에서 바콜라^{Bakola} 족장이 죽었다.

1884년 독일이 카메룬의 영토를 차지할 때까지 얼마나 오랫동안 아프리카의 말하는 북을 사용하고 있었는지는 아무도 모른다. 그래서 서양인이 처음 북소리를 들었을 때 이들은 원주민이 단순히 음악을 연주하고 있다고 생각했다. 하지만 곧 이 초기 무선통신 네트워크가 시간당 100마일이 넘는 속도로 정보를 전송할 수 있었다는 것을 알게 된다. 특히 시골의 거의 발을 들여놓을 수 없는 초목과 열악한 기반시설에도 불구하고 모든 기수가 상상할 수 있는 것보다 더 빠른 속도로 정보를 전송했다.

아프리카어에는 음조가 있다. 즉, 말하는 사람의 목소리 높낮이가 비슷한 단어를 서로 구분하는 의미를 담고 있다. 말하는 북은 속이 완전히 비어있는 단단한 통나무로 길이는 60~120센티미터 사이며, 두드리는 위치에 따라 다른 음색을 낸다. 북의 윗부분을 따라 '남자'와 '여자'를 뜻하는 크기가 다른 두 개의 가는 직사각형 구멍이 뚫려 있다. 북채는 약 30센티미터로 부드러운 나무로 만들어졌다. 북을 치는 사람이 메시지를 보내고 나면 구멍이 난 틈으로 북채를 북에 넣어 보관하는데, 이때 '밥' 하고 나는 소리가 청각적 마침표가 된다.

가장 강력한 브랜드 커런시

우리는 모두 화폐가 브랜드 커런시라는 것을 안다. 이제 이 똑같은 원칙을 정보 전송과 수신에 적용해 보자. 생존을 위해 정보를 교환해야 할 필요성은 오래되었고, 이 때문에 나는 이것이 브랜드 커런시의 지위를 얻을 자격이 충분하다고 생각한다. 뿐만 아니라, 정보는 브랜드 커런시에서 가장 강력한 수단이라고 확신한다. 미국의 남북전쟁을 빨리 종식하는 데 기관총보다 워키토키(휴대용 소형 무선 송수신기) 한 쌍이 훨씬 더 효과적이었을 것이라는 얘기가 있다. 맞는 말이다. 간단히 말해 올바른 정보를 가지고 있다면, 고객의 돈과 시간을 절약하거나 충성도를 이끌어 내지 않고도 고객을 위해 더 많은 일을 할 수 있다. 화폐에 관해 말하자면, 당첨된 복권은 단지 적절한 타이밍에 딱 맞춘 숫자 조합이 아니고 무엇이겠는가? 투박한 예를 들어 미안하지만, 복권을 추첨하기 전에 그 정보를 미리 알고 있다면 부자가 된다. 내 생각에 정보는 브랜드 커런시의 곡사포(장애물 뒤에 있는 목표물을 맞히기 위해 포탄이 곡선을 그리며 나가게 쏘는 포)다.

브랜드와 마찬가지로 역사는 보는 사람의 편견이 포함된 꾸며내지 않은 이야기다. 역사는 문자의 출현과 함께 시작된, 알게 된 사실의 이야기이며, 그전에는 사람의 기억에 의존하는 방법 외에 어떤 것도 기록할 수 없었다. 구술 문화에서는 무언가를 조사한다는 생각은 존재하지 않았다. 이러한 생각은 고대 이집트에서 변했다. 이집트에서는 기원전 3,200년경에 상형문자가 발명되고, 기원전 19세기 중반에서 16세기 중반 사이에 생겨난 원시 시나이 문자가 청동기 시대 중반까지 사용되었을 것이라고 알려져 있다. 이것이 처음으로 알려진 알파벳이었고, 알파벳이란 명칭은 페니키아인이 22자 중 첫 두 글자인 알파와 베타를 조합하여 붙여 준 이름이다. 이 알파벳은 바이러스처럼 퍼져나갔다.

사물을 기록하는 일에 비판이 없었던 것은 아니다. '인터넷은 우리를 멍청하게 만들었다.'라는 논쟁에서 소크라테스는 플라톤의 파이드로스(플라톤이 60세경에 지은 작품으로 파이드로스와 소크라테스의 대화를 담았다)에서 기억을 없애는 문자에 반대하고 있다. 이 대화에서 소크라테스는 타모스 Thamus 왕에게 그의 백성과 함께 쓸 수 있는 문자를 선물한 테우스 Theuth 신의 이야기를 다시 한다.

테우스 신이 말했다. "이 문자로 이집트인은 더 똑똑해지고 기억력이 더 좋아지게 될 것이다. 이것은 기억하고 지혜로워지는 데 아주 유용하다."

타모스 왕이 이렇게 말했다. "세상에서 가장 현명하신 테우스 신이시여, 예술의 창시자와 발명가가 항상 자신의 창작물과 발명품이 그것을 사용하는 사람에게 유용하거나 무용할지를 제일 잘 판단하는 것은 아닙니다. 또한, 이 경우에서 자식에 대한 부모의 사랑으로 문자를 만드신 당신은 문자가 가질 수 없는 특성이 문자에 있다고 생각하고 계십니다. 배우는 사람이 외부의 문자를 신뢰하며 스스로 기억하려 하지 않을 것이므로 신께서 만드신 이 문자가 배우는 사람의 영혼을 망각하게 만들 것입니다. 당신이 알아낸 문자는 기억이 아닌 추억을 회상하는 것을 도우며, 제자들은 진실이 아니라 오직 진실의 표면만을 알게 됩니다. 이들은 많은 것을 듣지만 어떤 것도 배우지 못할 것이고, 모든 것을 다 아는 것처럼 보이지만 아무것도 알지 못할 것입니다. 현실로 뒷받침되지 않은 지혜를 말하는 성가신 사람이 될 것입니다."

화폐 경제로 생겨난 오래된 독재적 시스템과 새로운 민주적 시스템 사이의 투쟁과 같이 우리도 낡은 어휘론과 새로운 어휘론 사이의 충돌을 보게 된다. 소크라테스와 같은 혐오론자에도 불구하고 문자가 승리했으며, 인류가 지식을 구조화하고, 마침내 지식에 대해 알게 함으로써 문자가 인간을 차별화한다고 쉽게 주장할 수 있게 되었다.

문자의 힘

문자 언어의 능력은 너무도 위대해 문자를 통해 죽은 사람이 살아있는 사람에게 말을 하고 완벽한 타인이 멀리 떨어진 거리에서 서로에게 즉시 영향을 미친다. 이 '인위적 기억'은 시간과 공간을 초월한다는 바로 그 사실로 인해 역사를 가능하게 만들었다. 이것은 정확히 동전이 등장하면서 화폐에 의해 벌어진 일이기 때문에 익숙하게 들릴 것이다.

문자는 발신인에서 수신인으로 그 안에 내재적 가치를 지니고 있는 상징인 인간의 구성물이다. 문자는 우리 주변 세계의 다른, 관련 없는 사물에 대한 상징체계이므로 시간과 공간의 구애를 받지 않는다. 가족 역사와 공식화된 종교 등의 전통 보존은 말할 것도 없고, 인간이 논리와 수학, 경제학, 의학, 법률을 탐구하는 데 방해가 된 마지막 장벽을 직접적으로 제거했다. 주제를 범주화하는 것이 가능해졌고, 이로 인해 생각이 무엇이고, 또 '자아'가 무엇을 의미하는지를 알게 되었다. 논리는 그리스어로 '단어'를 뜻하는 'logos'가 도입된 후에야 생겨났다. 상형문자가 도입되고 얼마 지나지 않아 고대 이집트와 메소포타미아의 일부 국가에서는 천문학과 달력, 시계 외에 상업적 목적으로 연산, 대수학, 기하학을 사용하기 시작했다. 그러나 페니키아인이 알파벳을 만드는 데 큰 공헌을 했다면, 바빌로니아인은 복잡한 수학을 발명하는 데 많은 기여를 했다. 페니키아인은 바빌로니아인이 계산에 대해 자신들의 권리를 주장하는 것보다는 문자에 대한 기여를 인정받지 못하지만, 두 나라 모두 쉽게 이용할 수 있는 일관된 속성을 가진 새로운 시스템을 만들어 냈다.

화폐 경제와 같이 문자와 연산은 끊임없이 변화했고 사회현상이 된 후에 크게 발전했다. 모든 사람이 똑같은 법칙을 따랐기 때문에 인류는 마침내 서로의 일을 공유하고 배우고 발전시킬 수 있었다. 그리고 그들이 이룬 것을 또 공유했다. 문자 및 숫자와 같은 규약을 통해 장거리 통신에도 곧 똑같은 발전이 이루어진다.

카메룬의 말하는 북과 같이 그리스인들은 《아가멤논 Agamemnon》에서 아이스킬로스 Aeschylos(B.C. 525-456 그리스의 비극 시인)가 묘사한 것처럼 봉화를 사용하여 먼 거리의 메시지를 빠르게 전달한 것으로 알려져 있었다. 트로이 전쟁에서 승리 후에 이들의 승리 소식은 단 몇 시간 만에 트로이에서 아르고스시까지 600킬로미터를 이동했다.

대장: 도시가 무너진 지 얼마나 됐나?

클리템네스트라: 오늘 밤에 무너졌으니, 몇 시간 되지 않았습니다.

대장: 여기서 누가 이렇게 빨리 메시지를 전할 수 있었나?

클리템네스트라: 이다^{Ida} 산 정상의 불의 신 헤파이스토스^{Hephaestus}가 신호를 보내고 그 뒤로 계속해서 봉화 운송자가 재빨리 이동했습니다.

높은 곳에서 나오는 불빛은 정보를 전파하는 방식으로 인기를 얻었다. 돌 등대는 기원전 5세기 그리스에서 세워져 지나가는 배에 "여기서 항해하지 마시오."라는 단일 메시지를 내보냈다. 이런 전달 방식은 미국이 형성되는 데도 아주 중요한 역할을 했다.

'육지면 하나, 바다면 둘(영국군이 육지로 침략하면 등불을 하나 밝히고, 바다로 침략해 오면 등불을 두 개 밝혀라'라는 뜻)'이라는 이 두 메시지는 영국 식민지 시절 미국인이 보스턴의 올드 노스^{Old North} 교회 첨탑에 등불을 두 개 걸어 영국군이 쳐들어오고 있는 것을 알리는 의미였다. 이는 나중에 미국 초등학교에서 '폴 리비어^{Paul Revere}의 말 달리기'라는 시로 유명해졌다. 밤에 뉴욕 타임스퀘어 광장을 걸으며 지금까지 이어지는 빛의 힘을 느껴보라.

기원전 8세기 중국의 봉화와 고대 로마의 반사경, 정령 비둘기에서 18세기 프랑스의 수기 시스템에 이르기까지 먼 거리에서 특정 대상에게만 보내는 정보는 시간과 에너지를 절약했을 뿐 아니라 전투의 어느 진영에 있었느냐에 따라 실제로 생명을 구하기까지 했다. 하지만 유럽이 계몽주의 시대에 접어들어서야 장거리 통신에 전기를 활용할 수 있었다.

전기에 대한 생각은 고대 이집트까지 멀리 거슬러 올라가지만, 벤저민 프랭클린이 연과 열쇠로 전기 실험을 한 지 8년이 지난 1800년 이탈리아의 물리학자 알레산드로 볼타[Alessandro Volta]가 전기 배터리를 발명하고 나서야 전기를 활용하게 된다. 마침내 볼타의 영국인 동료 마이클 패러데이[Michael Faraday]가 1831년 처음으로 발전기를 제작하자 전자기학은 봉화와 등대, 드럼을 넘어 인류가 큰 발전을 이룰 장거리 통신 기술을 효율적으로 사용할 준비를 갖추게 되었다.

1837년 윌리엄 쿡[William Cooke]과 찰스 휘트스톤[Charles Wheatstone]이 런던의 패딩턴 역에서 웨스트 드레이튼까지 13마일의 그레이트 웨스턴 철도를 따라 세계 최초로 상업용 전신주를 설치하는 데 성공했다. 같은 해에 새뮤얼 모스[Samuel Morse]와 그의 조수 알프레드 베일[Alfred Vail]은 미국에서 자체 전신기를 개발해 특허를 내고 이것을 활용해 문자와 단어 사이에 점과 대시, 공백으로 이루어진 최초의 신호 코드를 만들었다. 자신들이 만든 코드가 최대의 효율성과 단순함을 나타내도록 하기 위해, 이 둘은 뉴저지주의 모리스타운에 위치한 지역 신문사를 방문하였다. 이후 가동 활자의 사례를 샅샅이 찾아 미국인이 사용하는 어휘에서 가장 많이 사용되고, 가장 적게 사용하는 글자를 평가했다. 이들은 1만 개의 'T'와 겨우 200개의 'Z'를 찾았고, 이에 따라 모스 코드를 최적화하기 시작했다. 상업용 전신을 사용하면 글자 수에 따라 보내는 사람이 돈을 내야 하기 때문에, 이것은 수십억의 불필요한 탭 키와 고객이 써야 하는 비용을 절약해 주었다.

미국의 첫 번째 장거리 전신 시스템은 볼티모어와 오하이오 철도를 따라 매몰된 지하 케이블을 통해 워싱턴 D.C.와 볼티모어를 연결했다. 모스^{Morse}는 이 전신선으로 1844년 성경의 민수기에서 인용한 '하나님께서 무엇을 만드셨는가?'라는 구절을 첫 메시지로 전송했다. 전신은 미국에서 상업적으로 큰 인기를 끌었고, 1851년에는 모스의 코드가 유럽 표준으로 채택되어 영국과 영연방 국가들만이 쿡과 휘트스톤의 방식을 사용하게 되었다. 곧 미 동부의 모든 주요 도시가 서로 연결되고, 그 뒤 1861년에는 육상 케이블로 서부 해안과 연결되면서 밤새도록 달리던

조랑말 속달 우편은 사라지게 되었다. 크고 작은 모든 도시의 스카이라인을 가로지르는 이 금속선은 머리 위의 '철망 작업iron net work'에서 나중에는 '네트워크network'로 알려진 통신망을 형성했다.

글자 수로 고객에게 돈이 청구되었기 때문에 전신의 등장은 뜻밖에도 우리가 언어의 구성을 바라보는 방식을 바꾸게 된다. 처음에 사람들은 약칭으로 '모든every'을 'evy'로, '배럴barrel'을 'brl'로 바꿔 보냈고, 그 뒤에는 '감사합니다thank you'와 같은 표현을 'TU'로 축약해 사용했다. 전신운영회사는 당연히 이것을 달가워하지 않았지만, 얼마 지나지 않아 기업가들은 흔히 사용하는 용어 외에 소수만 아는 말을 포함하는 수백 개의 축약어가 담긴 전신 암호장을 만들었다. 오늘날 우리가 사용하는 채팅과 문자 약어의 시초와 같은 이 기호를 통해 전신선의 양 끝에서 같은 책을 가진 사람들은 '5TO089R'을 보내 '아이야. 산모와 아기는 모두 건강해'라고 말할 수 있었다.

점진적 발전

수천 년 전에 음성 언어와 문자 언어가 출현한 이래 처음으로 서로 같은 조건에 동의하는 한 전혀 관련 없는 것에서 똑같은 의미를 만들 수 있었다. 게다가 이러한 교환으로 절약된 시간은 급격한 생산성 증가를 가능하게 만들었다. 카카오 열매를 재배하거나 모으는 대신 동전을 거래하는 것은 1860년대에 런던에서 뉴욕으로 편지가 도착하기를 12일 동안 기다리는 대신 국제 전보를 쳐 바로 소식을 알리는 것과 똑같은 효과가 있었다. 필요한 모든 것은 상호 간에 합의한 프레임워크와 그것을 통해 보낼 코드다.

동시에 유럽에서 일어난 일이 앞으로의 발명에 매우 중요한 영향을 미치게 된다. 1862년 독일의 발명가 필립 라이스Philipp Reis는 왕립 프러시아 전신대의 조사관 빌헬름 폰 레가트Wilhelm von Legat에게 그의 새로운 장치를 시연했다. 그 장치는 양피지 칸막이와 변환기를 통과한 소리를 전기 충격으로 전환시킨 후, 전선을 통해 이것을 발신자의 원래 음향 신호로 다시 재구성하는 또 다른 장치로 전송했다. 레이스는 이것으로 음악을 방송할 계획이었고, 이것을 전화라고 불렀다.

1874년 알렉산더 그레이엄 벨이라는 스코틀랜드 태생의 전 보스턴 대학 음성 생리학 및 발성학과 교수가 사람의 목소리를 전신선으로 전송할 수 있는 시스템을 개발하려고 애쓰고 있었다. 1876년 3월 10일 벨이 마이크에 "왓슨 씨, 이리로 오세요. 당신이 보고 싶군요."라고 말했을 때 그는 조수 토마스 왓슨Thomas Watson과 함께 최초로 이해할 수 있는 언어를 양방향으로 전송하는 데 성공했다. 그는 '목소리와 다른 소리를 전신으로 전송하는 장치'에 대해 최초로 그해 말에 수여된 특허를 받았다. 그다음 해에는 세계 최초의 전화 관련 회사인 벨 전화 회사^{Bell Telephone Company}를 설립했고 이후 자회사인 미국 전화 & 전신 회사^{Telephone & Telegraph Company}를 세웠다. 전화 설치가 증가하고 전력 공급이 확대되면서 네트워크뿐 아니라 전화의 발전이 빈번하게 이루어졌다. 특히, 1877년 토마스 에디슨^{Thomas Edision}이 도입한 탄소 마이크는 매우 우수해 1980년대까지 모든 전화에 사용하게 되었다. 1880년 프랑스 정부는 벨에게 그의 발명에 대해 5만 프랑과 함께 볼타^{Volta} 상을 수여했고, 벨은 이 상금을 워싱턴 D.C.의 볼타 벨 연구소에 기금을 대는 데 사용했다. 여러 변화를 거친 후 1925년 맨해튼 시내에 문을 연 벨 연구소에서 전체 벨 시스템을 위한 모든 혁신이 이루어지게 된다.

벨의 이 연구소에서 정보 기술이 크게 발전하게 되었다. 이는 1941년 진정한 지식의 대가 클로드 섀넌^{Claude Shannon}이 연구소에 오게 된 이후로부터 시작되었다. 섀넌은 MIT에서 수학 박사학위를 받았고, 이곳에서 그는 이프-덴^{If-then} 규칙에 따라 스위치를 켜거나 끄게 하는 것만으로 불 대수(0과 1로 된 두 개의 값으로만 표현하고 연산하며, 2진 변수와 논리 동작을 취급하는 대수학적 표현) 문제를 해결할 수 있는 진공관으로 스위칭 회로를 설계했다. 전시에는 벨의 연구소에서 암호 작성술과 보안통신기술 및 이와 연관된 암호 해독을 맡았다. 1943년 몇 달 동안 그는 영국의 유명한 수학자이자 에니그마^{Enigma}(독일의 통신 암호 체계) 해독자인 앨런 튜링^{Alan Turing}과 정기적으로 만나 카페에서 차를 마셨다. 튜링은 음성 암호 해독에 관심이 있었고, 워싱턴 D.C.의 방문을 받고 미 해군과 암호 해독법을 공유하기 위해 워싱턴 D.C.로 파견되었다.

 섀넌의 암호학 연구는 소음에서 신호를 분리하는 것에 초점을 맞췄고, 1946년에는 〈수학적 암호 이론^{A Mathematical Theory of Cryptography}〉이라는 제목의 논문을 발표했다. 전시 중이었기 때문에 이 논문은 1949년까지 기밀로 유지되었지만, 여기서 보여준 정보 이론에 관한 그의 견해는 그의 놀라운 대표작 《수학적 커뮤니케이션 이론^{A Mathematical Theory of Communication}》의 기초가 되었다. 이 책은 데이터 및 신호 처리의 개념 분석으로 정보화 시대의 시작을 알리는 저작으로 폭넓게 인정받고 있다. 〈벨 연구소 기술 저널^{Bell System Technical Journal}〉에 발표한 두 부분의 나눠진 이 논문에서 그는 통신을 개별 구성단위, 즉 '비트'로도 알려진 2진법 수로 분해했다. MIT에서 수학 문제를 해결하기 위해 켜고 끄기를 반복했던 시스템 진공관과 마찬가지로, 직렬 통신도 켜짐과 꺼짐, 즉 1 또는 0의 연속적으로 배열되는 것에 지나지 않는다. 디지털이 탄생한 것이다.

섀넌의 동료 존 피어스John Pierce는 이 획기적인 발견을 "청천벽력과 같은 일"이었다고 정확하고 간결하게 요약했다. 이제 정보 이론가들은 더 이상 줄일 수 없는 단위를 가졌다는 점에서 물리학자와 많은 공통점을 지녔다. 이 새로운 분야는 수학과 공학의 가교가 되었고, 이제 언어와 통신에 엔트로피entropy(시스템 내 정보의 불확실성 정도를 나타내는 용어), 즉 불확실성이 생겨났다. 이 불확실성에 대한 저항이 신호 혹은 정보였다. 영국 왕립학회 회원으로 섀넌의 전기를 쓴 이오안 제임스Ioan James는 이렇게 설명한다. "그 이론의 영향력이 너무도 광범위하여 사람들은 그것을 인류의 가장 자랑스럽고 드문 발명 중 하나, 즉 세상에 대한 인류의 시각을 크고 빠르게 바꿀 수 있는 보편적인 과학 이론이라고 말했다." 정보가 본격적으로 확산될 태세를 갖췄고 이제 문이 열렸다. 정보는 해방되었다.

무기로 사용되는 정보

섀넌과 튜링 외에 연합국의 수천 명의 수학자, 공학자, 과학자, 이론가가 개발한 정보 기술은 제2차 세계대전에 결정적인 타격을 가했다. 독일과 일본이 벌인 전쟁으로 전 세계가 충격에 빠져 있을 무렵 이 두 나라는 초반부터 강력한 화력으로 대규모의 승전을 이어가고 있었다. 그러나 전쟁을 승리로 이끈 것은 암호화와 암호 해독, 레이더, 음파탐지기, 핵폭탄, 나바호 윈드토커Navajo Windtalkers(제2차 세계대전 당시 미군 소속의 암호통신병)였다. 연합국은 추축국에 관한 더 많은 정보를 가지고 있었고, 가장 중요한 점은 연합국은 자신들이 확보한 정보를 서로 안전하게 공유할 수 있었지만 추축국은 그럴 수 없었다는 것이었다. 결국, 정보는 수백만 명을 폭압으로부터 해방시키고 현대 문명의 가장 큰 재앙을 종식시킨 궁극적인 무기였다.

전쟁 전에 조시아 메이시Josiah Macy Jr. 재단은 뉴욕에서 '메이지 컨퍼런스'라고 하는 일련의 모임을 시작했다. 이 모임은 모든 분야의 위대한 과학자들이 연구를 마친 후에 결과를 공유하는 것과는 반대로 현재 진행 중인 자신들의 연구를 공유하여 주변 영역에 머물렀을 다양한 관점을 통해 문제 해결을 가속화할 수 있었다. 원래는 메이시 재단의 주된 목적인 의학 연구를 촉진하기 위해 계획되었지만, 시간이 지나면서 인류학과 심리학에서 연산, 심지어 최면술에 이르기까지 광범위한 분야의 문제를 해결하기 위한 모임으로 바뀌었다. 최대한의 지적 교류를 위해 과학 분야의 한두 명의 학자만이 컨퍼런스에 초대되어 좁은 영역을 깊이 있게 다루기보다 넓은 영역을 가볍게 다루도록 했다.

1941년에서 1960년까지 재단이 운영되던 동안 다뤘던 주제는 확실히 다양했지만, 오늘날에는 이 모든 일을 종종 '사이버네틱스^{cybernetics} 컨퍼런스'로 취급하기도 한다. 1946년부터 1953년까지 10개의 심포지엄이 이 분야의 대부인 노버트 위너^{Norbert Wiener}가 1948년 '동물과 기계의 통제와 소통에 관한 과학 연구'라고 말한 것에 집중했기 때문이다.

'사이버네틱스'라는 단어는 플라톤이 《알키비아데스^{Alkibiades}》에서 사람들의 통치를 나타내기 위해 처음 사용했지만, 현대적 의미에서는 규제시스템에 대한 탐구를 상징하게 되었다. 요컨대 160회의 메르시 컨퍼런스에서 사이버네틱스 세션이 가장 인기가 있었고 사이버네틱스는 기계공학과 생물학, 신경과학, 전기 네트워크를 아우르는 새로운 시대를 열었다. 65년 전에 이런 일이 일어났다는 것을 생각하면 매우 놀라울 따름이다.

당연한 얘기지만 사이버네틱스 컨퍼런스 참석자들이 논의한 바와 같이 우리는 정보를 처리할 뿐만 아니라 정보를 생성하도록 만들어졌다. 우리의 DNA는 A(아데닌), C(시토신), G(구아닌), T(티민)로 알려진 네 개의 뉴클레오티드^{Nucleotide}(생체의 중요한 구성 물질의 하나) 베이스로 구성되어 있다. 네 가지 뉴클레오티드 베이스의 구성 방식이 인간 유전자 코드 혹은 염색체 구성의 기초를 형성한다. AAACGGCG은 내 DNA 뉴클레오티드 배열의 첫 부분이다. 당신이 이것으로 무엇을 할지 걱정하지 않는다. 나를 복제하려면 이것 외에 1,492,266개의 뉴클레오티드 배열을 알아야 하기 때문이다. 이 네 글자는 0과 1은 아니지만, 똑같은 방식으로 코드화된다. 영화 〈블레이드 러너 2049[Blade Runner 2049]〉에 등장하는 아름다운 홀로그램 조이[Joi]는 그녀의 인간 소유주에게 말한다. "저는 코드에 불과하고 당신도 마찬가지예요. 데이터만 가지고도 인간이 되죠. A, C, T, G. 이게 당신의 알파벳이에요. 모두 4개의 단어에서 왔죠. 저는 0과 1, 이 둘만으로 만들어졌어요."

강조 및 엔트로피

구어 및 아프리카의 말하는 북의 소리에서도 음의 높이와 문맥은 의도한 소리를 의도치 않은 소음과 분리하도록 진화해 오며 클로드 섀넌이 《수학적 커뮤니케이션 이론》에서 밝힌 엔트로피[entropy](시스템 내 정보의 불확실성 정도)를 없애려고 했다.

예를 들어 《영원한 교리의 상징: 샴발라에서 파라다이스까지》라는 책에서 헬렌 발보리[Helen Valborg]

는 콩고민주공화국의 켈레족이 사용하는 반투어의 한 방언에 대해 얘기한다. 말하는 사람이 음절에 강세를 넣어 발음하므로 켈레족은 동음이의어를 듣고, 'lisaka(습지)'를 'lisaká(약속)' 및 'lisáká(독)'과 바로 구별할 수 있다. 'liála(약혼녀)'를 'liala(쓰레기장)'으로 잘못 발음하면, 켈레족 남자는 매우 곤란한 상황에 처할 수 있다. 숙련된 드러머는 놀랍게도 북의 여러 다른 부분을 두드려 혼란을 줄이고 신호를 소음과 구분함으로써 이런 단어를 분명하게 전달할 수 있다.

마찬가지로 나이지리아 중북부의 요루바족과 그들의 리아 일루^{Lya llu}(북의 어머니)는 전문 드러머가 연주할 때 'oko(남편)'과 'okó(괭이)', 'óko(카누)'의 미묘한 차이를 구분해 소리 내는 옥타브 영역이 있다. 이것은 다른 고대 언어에서도 찾아볼 수 있다. 아프리카어와는 거리가 먼 표준중국어와 광둥어와 같은 성조 언어는 드럼 없이 어조만으로 'ái(암)'과 'ài(사랑)'과 같이 의미가 크게 다른 단어를 구별한다.

문맥 역시 여기에서 매우 중요한 역할을 한다. 화자나 드러머가 중요한 강세 부분을 완벽하게 소리 내지 못할 경우, 제대로 듣지 못한 그 말의 전후 단어가 소음으로부터 신호를 구분하는 데 도움이 된다. 따라서 켈레족이 "당신과 빨리 결혼하고 싶어요, 쓰레기장"이라고 말했다고 생각된다면, 그 말을 들은 사람은 다른 관련 정보를 통해 그녀에게 원래 의도했던 뜻을 알려준다. 듣는 사람의 개별적인 개인적 배경을 아는 것도 중요하다. 청자의 상황에 따라 메시지를 보낸 사람이 기대했던 것과는 전혀 다른 방식으로 본래의 메시지가 왜곡될 가능성이 있기 때문이다.

위와 같은 사실을 몇 년 전에 알게 되었을 때 나는 듣는 사람의 관점에서 문맥상의 의미가 어떻게 달라지는지 실험을 해 볼 기회를 엿보고 있었다. 아마존의 런던 지사에서 우리는 대개 ADX 구역에서 나오는 스트리밍 라디오를 틀어 놓았다. 어느 날 오후, 프로디지Prodigy의 1996년 음반 〈The Fat of the Land〉의 첫 번째 곡이 "Change my pitch up"이라는 가사와 함께 스피커에서 울려 퍼질 때 바로 그 기회가 찾아왔다. 내 책상 맞은편에는 영국인과 미국인 동료가 앉아 있었는데, 이들은 이 가사가 무슨 뜻인지를 서로에게 물었다. 영국인은 "나도 몰라. 그는 가수이니까, 목소리 음을 더 높이는 것을 말하고 있는 게 아닐까?"라고 말했다. 미국인은 "내 생각에는 야구의 체인지업 피치를 말하고 있는 것 같은데."라고 답했다. 똑같은 가사를 듣고 서로 다른 지적 배경을 가지고 전혀 다르게 파악한 것이다. 간단한 예지만, 이 경험은 의도한 메시지가 그것을 듣는 사람에게 올바로 전달될 가능성을 높이려면 누구든 자신이 말하는 사람, 즉 고객에 대해 알아야 한다는 점을 일깨워 주었다.

모든 말이 중요하다

수년간 내가 팀의 작가들에게 간청해 왔듯이, 모든 말 한마디, 한마디가 중요하다. 돈을 받고 광고 카피를 쓰는 것이든 말을 하는 것이든 말은 사람의 마음을 따라 전개되어 먼저 명확성을 높이고 기억을 돕는다. 대부분의 시스템에서 비효율성으로 간주되는 반복을 전략적으로 사용한다면 명확성을 높이는 데 도움이 될 수 있다. 우리는 아마존에서 다음과 같은 프레젠테이션 규칙을 들어왔다. "당신이 말하려고 하는 것을 우선 말해라. 본론을 말해라. 그런 다음 당신이 했던 말을 말해라." 누가 이 말을 했는지 아는가? 수사학의 거장 아리스토텔레스다. 반복은 당신에 관한 정보를 교환하는 고객의 시간과 에너지를 절약하므로 적절한 방식의 반복은 사실 더 효과적이다. 명확한 전달은 본질적으로 고객 지향적이다.

명확한 전달의 좋은 예로 국제민간항공기구^{International Civil Aviation Organization, ICAO} 음성 문자로도 알려진 국제 무선

전화 철자 알파벳^{International Radiotelephony Spelling Alphabet} 또는 NATO 음성 문자^{NATO phonetic alphabet}가 있다. 지난 100년간 국제 항공 여행이 급격히 증가함에 따라 ICAO는 전 세계적으로 사용할 명확한 공대지(空對地) 무선통신을 손쉽게 확보할 방법을 모색했다. 미군과 하버드 음향 심리학 연구소의 광범위한 연구 끝에 이들은 각 알파벳에 가장 명확하고 분명한 단어를 할당했고, 따라서 군인들은 '현대전에서 마주하는 극심한 소음 속에서 내부 연락망으로 교신'할 때 상대의 말을 이해할 수 있었다. 연구 결과에 따라 '알파^{AL-FAH}'는 'A'로, '브라보^{BRAH-VOH}'는 'B' 등으로 표시되었다. 전투에서 좌표를 외치든, 400명의 승객을 태운 비행기를 착륙시키든 혹은 동료에게 이메일을 보내든, 잠시 시간을 내어 내용을 최대한 명확히 하는 것은 모든 사람의 시간을 절약하고 고객 충성도를 형성하는 데 큰 도움이 될 수 있다.

이 장의 제일 앞에서 언급한 바와 같이 나는 정보가 가장 강력한 브랜드 커런시라는 것을 굳게 믿는다. 깨우침에서 몸값에 이르기까지 정보의 유연성은 방대하며, 따라서 정보는 무기로 사용될 수 있다. 2013년 4월 23일 AP 통신의 트위터 계정에 "뉴스 속보: 백악관에서 2건의 폭발이 발생하여 미국의 버락 오바마 대통령이 부상을 당했다."라는 12단어의 트윗이 올라왔다. 그다음 6분 동안 특히 미국 주식시장과 세계는 큰 혼란에 빠졌다. 이 말이 전해지고 다시 정정되는 동안 시장은 하락했고 그 뒤 빠르게 1,365억 달러의 시가 총액을 다시 회복했다. 물론 이 사건은 해킹으로 밝혀졌고 백악관에서는 어떤 폭발도 일어나지 않았지만, 이 엄청난 반응은 실제였다. 자신들의 소행이라고 주장한 시리아 사이버 부대가 올린 트윗은 각 단어당 113억 7,500만 달러의 가치가 있었다. 이렇게 값비싼 단어가 입력된 적은 한 번도 없었다.

이 사건은 또한 알고리즘을 사용하여 디지털 뉴스를 모니터링하고 미리 정해진 규칙에 따라 거래하는 계획된 거래 프로그램도 조명했다. 만약 당신이 110억 달러가 많다고 생각한다면, 2010년 5월 6일 모든 주가지수가 오후 2시 42분에 1조 달러에 달하는 폭락세를 나타낸 사건을 말해 주고 싶다. 알려진 대로 플래시 크래시^{Flash Crash}(주식시장의 심각한 폭락)가 36분간 지속됐고, 다우존스 산업평균지수^{Dow Jones industrial average}역사상 하루 동안 두 번째로 가장 큰 1010.14포인트의 변동 폭을 기록했다. 이어진 증권거래위원회^{SEC} 및 상품선물거래위원회^{CFTC}의 보고서에서는 초단타 매매^{HFT} 프로그램에 모든 책임을 돌렸다. "핵심 구매자나 시장 간 거래 중개인의 수요가 여전히 충분하지 않았지만, HFT는 빠르게 구매한 뒤 거래를 서로 되팔기 시작했다. 이로 인해 같은 포지션을 빠르게 주고받으면서 다루기 어려운 볼륨 효과가 발생했다. 2시 45분 13초에서 2시

45분 27초 사이에 HFT는 전체 거래량의 약 49퍼센트를 차지하는 2만 7,000건 이상을 거래한 반면 200여 건의 추가 계약만 순매수했다." 〈뉴욕타임스New York Times〉에 따르면, 이로 인해 P&G와 엑센츄어Accenture와 같은 일부 유명 기업의 주가가 1페니에서 10만 달러까지 오가며 거래되었다.

사람들이 핸드폰 데이터 요금제를 사용하는 데에는 이유가 있다. 수십 년간 그랬던 것처럼 시간당 요금을 부과하던 통신 시스템은 완전히 끝났다. 데이터 교환은 돈이 있는 곳이다. 사실 나는 매달 소비하는 모든 0과 1에 대해 1센트의 2.91666667분의 1의 일곱 제곱을 기꺼이 지불한다.

불도저와 총알

데이터는 지구 표면을 완전히 바꿔놓을 정도로 강력하고 만연해 있다. 특히 시간과 돈이 개입될 경우 더욱 그러하다. 2017년 댄 스피비Dan Spivey라는 한 남자가 어떤 아이디어를 떠올렸다. 시카고와 뉴욕 거래 센터 사이의 초저지연(즉, 빛의 속도에 가까운) 광섬유 라인을 이용하여 시카고에서의 선물거래 비용과 뉴욕시에서의 해당 기본 주식 간의 작은 차이를 이용하는 것이었다. 생각은 그럴듯했지만, 그는 당시 이용할 수 있는 초저지연 광섬유 라인에 접속하는 데 성공하지 못했다. 그래서 자신이 직접 만들고자 결심했고 이 계획에 돈을 지불할 투자자를 모집했다.

스피비와 함께 스프레드 네트워크^{Spread Networks}를 공동 설립한 전 넷스케이프^{Netscape} CEO 제임스 바크스데일^{James Barksdale}을 검색해 보라. 2009년 3월까지 넷스케이프는 125명의 건설 인부가 주도로를 따라 도랑을 파고, 강 아래로 터널을 뚫고, 앨러게니 산맥의 나무를 베어 약 1,328킬로미터의 길에 가능한 한 똑바로 1인치 선을 매설할 자리를 만들고 있었다. 〈포브스〉가 건설하는 데 약 3억 달러의 비용이 들 것으로 추산한 케이블이 완공되자 신호가 시카고에서 뉴욕에 도착해 다시 돌아오는 데 차세대 초저지연 라인보다 더 빠른 약 3밀리초가 걸렸다. 1초의 3,000분의 1은 HTF^{Higher TimeFrame} 세계에서는 영원이며 무한대의 가치를 지닌다. 이 연결 케이블은 '다크 파이버^{dark fiber}'로 알려졌는데, 임대한 선이므로 사용하려면 돈을 지불해야 했다. 마켓 인텔리전스 사이트 옵션몬스터^{OptionMonster}의 공동 설립자 존 나자리안^{Jon Najarian}은 이렇게 말했다. "두 시장을 거래하는 사람은 이 선을 사용해야 한다. 그렇지 않으면 그들의 사업은 사라지게 된다." 정보가 시간과 화폐를 만난 것이다.

0과 1이 전에는 할 수 없었던 것을 오늘날에는 할 수 있게 된 것은 무엇일까? 우선은 당신을 죽일 수 있다. 2013년 코디 윌슨Cody Wilson이라는 젊은 텍사스 남자가 3D 디지털로 최초 제작된 총을 발사했다. 원격 시험대에서 폭발하지 않자 그는 다시 텍사스 오스틴으로 돌아와 그의 웹 사이트에 설계도를 올려 누구나 다운받을 수 있게 했다. 그러나 일주일도 지나지 않아 정부 당국에서 전화를 걸어와 그가 허가 없이 총기를 수출한 것에 대해 국제 무기거래규정ITAR을 위반한 사실을 알려 왔다. 그러자 윌슨은 진정한 자유주의자적 저항으로 컴퓨터 코드는 의사 표현의 한 형식이고 정부는 무기를 소지하고 정보를 공유할 그의 양도할 수 없는 권리를 침해하고 있다고 주장하며 미 국무부를 법정에 세웠다. 2015년 미국 헌법 수정 제1조와 제2조를 영원히 구속할 역사적인 판결에서 그는 합의를 이끌어 냈다.

우리 대부분은 뉴스에서 언급되는 데이터에 관해 들을 때 30억 명의 사용자 계정에 영향을 미친 야후의 해킹 사건과 같이 사람들이 관심이 크게 집중된 개인 정보 침해 사례로 인해 개인식별정보PII를 먼저 떠올리는 경향이 있다. 당신의 주소와 신용 카드 번호를 훔치는 해커가 3D 프린트로 제작된 총과 같이 당신에게 물리적인 해를 가할 수는 없지만, 그렇더라도 이러한 개인 정보 침해는 고통스럽다.

당신의 이름으로 부정한 구매가 이루어지면 신용 카드 회사에 전화를 걸어 구매한 사실이 없다는 것을 알리고 카드를 취소해야 하는 번거로운 일이 생기지만, 당신의 신용 등급이나 명성을 크게 떨어뜨려 모든 카드 사용이 중단되는 경우는 거의 없다. 그런데 개인 정보는 큰 중요성을 가지고 있다. 미국의 사회보장번호와 은행 계좌 정보, 이메일, SNS 로그인 자격 증명, 건강 기록, 주소록 등 정보를 소유한 누구라도 당신의 신원을 파악할 수 있고, '당신'으로 가장하여 원하는 모든 것을 할 수 있으며, 인생 전체를 망쳐놓을 수도 있다. 이러한 개인 정보 데이터는 전 세계의 보안 수준이 각기 다른 기업 및 정부 서버에 저장되며 당신이 모르는 사람이 관리한다. 러시아 정예부대 26165의 해커들, 혹은 여러분이 이 글을 읽고 있는 지금 다크웹에 잠복해 있는 해커들은 그들 자신에게 이익이 되는 반면 거대 기업과 정부, 심지어 경제 자체를 위협할 수 있는 이 귀중한 습득물에 군침을 흘리고 있다.

심판의 날은 언제가 될지 모르는 가운데, 2018년 5월 25일에 법이 도입되었다. 수백만 명의 시민들에게 매우 중요한 이러한 정보가 일반적인 기준과 데이터 주체에 대한 통제 조항이 없는 환경에 보관됨에 따라 EU 집행위원회는 개인 정보 보호법^{GDPR}을 도입하게 되었다. 첫 조항은 "GDPR은 자연인에 관한 개인 정보 보호권을 보호한다."

라는 말로 시작한다. 기본적인 개인 정보에는 이름, 사진, 이메일 주소, SNS 게시물, 개인의료정보, IP 주소, 은행 세부정보가 포함된다. 또한, GDPR 제9조는 특별히 민감하고, 인종이나 민족, 종교적 혹은 정신적 신념, 정치적 또는 철학적 성향, 노동조합연맹, 생물학적/유전적 정보, 의료정보, 성적 정체성 및 성별 인식 등의 추가적인 보안이 필요한 것으로 간주되는 정보를 요약하고 있다. 이러한 정보를 잘못 사용할 경우 정보의 주체가 편견과 공격, 착취에 취약해질 수 있기 때문이다.

FAANG 기업(페이스북, 애플, 아마존, 넷플릭스, 구글)과 그 외 다른 기업들은 미국에 본사를 둘 수 있지만, EU 국가에서 운영하려면 이 규정을 준수하거나 그렇지 않으면 거액의 벌금을 물어야 한다. EU에서 시행하고 있는 조치가 다른 곳에도 영향을 미쳐 이들의 정책이 세계적으로 확대되기를 바란다. 어떤 면에서는 정책 입안자와 기업 CEO부터 일반 대중에 이르기까지 모든 사람이 위험에 처해 있다는 점에서 이것이 제로섬 게임처럼 느껴진다.

새로운 형태의 시민권에 관한 책《코스모폴라이트The Cosmopolites》의 저자 아토사 아락시아 아브라하미안Atossa Araxia Abrahamian은 GDPR이 시행되고 며칠 후 작성한 〈뉴욕타임스〉 기고문에서 이를 잘 요약했다. "보다 넓은 의미에서 이 규제는 세계화 속에서 등장한 개인과 그들의 데이터, 국가, 민간 부문 사이에 새롭게 생겨난 복잡하고 분권화된 관계를 이해하려는 시도다…우리는 스스로를 기업의 고객이나 한 나라의 거주민 혹은 국가의 시민뿐 아니라 세계의 데이터 주체로 여겨야 한다. 데이터는 브랜드 커런시다. 데이터를 생성하고 확보하는 일이 곧 힘이다. 이 권력은 구글과 페이스북, 아마존, 그밖에 이 데이터를 우리가 아닌 자신들의 이익에 이용하는 새로운 기업으로 넘어갔다."

기업에서 데이터를 획득하고, 저장하며, 사용 및 공유하고, 폐기하는 방법에 대한 엄격한 제재는 모든 회사, 특히 사용자가 생성한 콘텐츠에서 트래픽을 발생시키는 소셜 네트워크에 영향을 미칠 것이다. 이것이 정치적 신념과 성적 지향 등이 포함된 GDPR 제9조의 내용이다. 페이스북의 데이터 제공을 제한하는 모든 것은 비즈니스 모델의 장기적 생존 가능성에 직접적인 영향을 미친다. 소셜 네트워크는 데이터 관리자(개인 데이터를 취급)와 데이터 처리자(다른 데이터 관리자를 위해 개인 데이터를 처리)의 역할을 동시에 하므로 대부분의 네트워크보다 더 불확실한 위치에 있다. 페이스북의 CEO 마크 저커버그Mark Zuckerberg에게 당신의 정보는 돈보다 훨씬 더 가치가 있다. 광고주는 당신의 개인 정보를 얻는 데 수십억 달러를 지불해 맞춤 광고로 당신을 공략한다. 당신은 이름과 이메일 주소를 제공하고 개인 정보 보호 정책에 동의하기만 하면 된다. 언뜻 보기에는 사소해 보이는 몇 가지 정보를 제공하고 당신은 페이스북에 접속할 권한과 수많은 접속 기회, 무한한 콘텐츠를 구입하게 된다. 페이스북은 당신의 돈을 원하지 않는다. 당신의 이메일 주소와 비밀번호를 원할 뿐이다.

정치 컨설팅 회사, 캠브리지 애널리티카[Cambridge Analytica]를 둘러싼 스캔들로 인한 월가의 높은 우려에도 불구하고 페이스북의 실적은 다른 모든 경제 부문과 큰 격차를 벌리며 앞서고 있다. 2018년 3분기 실적발표에서 페이스북은 7억 8,000만 달러의 수익과 42퍼센트의 영업 마진을 보고했는데, 이는 S&P500 지수에 포함된 대부분의 IT기업보다 2배, 전체 지수 대비 4배가 높은 수치다.

페이스북은 이 엄청난 수익을 지도부의 선견지명과 엔지니어의 뛰어난 능력에 힘입어 이뤄낸 결과라고 주장할지 모르지만, 중요한 사실을 의도적으로 생략하고 있다. 페이스북은 투자한 돈보다 훨씬 더 많은 돈을 벌어들이는데, 이는 가장 중요한 자산에 대해 돈을 지불할 필요가 없기 때문이다. 영국의 시사주간지 〈이코노미스트[Economist]〉는 2017년 기사에서 세상의 가장 가치 있는 자원으로 데이터가 석유를 대체했다고 말했다. 데이터는 사실상 오늘날 가장 중요한 사업인 모든 디지털 서비스의 연료다. 페이스북과 그 외의 다른 디지털 기업은 우리로부터 무료로 데이터를 얻는다. 이것이 정보가 브랜드 커런시인 또 다른 중요한 이유다.

불행히도, 나는 모든 사람이 개인 정보 보안을 매우 심각하게 여기지 않는 것에 대해 그 위험을 인식하고 있다고 확신할 수 없다. 어쩌면 이것은 단지 세대에 따른 문제일지 모른다. 1980년 이전에 태어난 사람은 누구나 인터넷 이전의 삶을 기억하고 있지만, 그 후에 태어난 대다수는 인터넷이 없는 삶을 상상하지 못한다. 교육 컨설턴트 마크 프렌스키^{Marc Prensky}는 2001년 한 기사에서 '디지털 이민자'와 '디지털 네이티브'라는 용어를 대중화하여 세대 차이를 정의했다. 젊은 세대가 알고 신뢰하는 모든 것은 백라이트 디스플레이가 있는 장치에서 나오기 때문에 나는 이들을 '스크린에이저^{screenagers}(컴퓨터와 인터넷에 매달린 젊은이)'라고 부르는 것을 선호한다. '아는 것'과 '신뢰하는 것'을 다시 강조하고 싶다. 젊은 세대가 데이터 보안 공격이나 개인 정보 유출을 경험해 본 적이 없다면, 그들은 단지 '나에게는 그런 일이 일어나지 않을 거야.'라고 가정하며 그들 앞에 놓인 긴 세월을 불리한 방향으로 바꿔놓는 위험을 무릅쓸 가능성이 매우 크다.

마찬가지로, 조금 더 나이가 많은 세대는 마샬 맥루한

Marshall McLuhan이 말한 단방향 발신자-수신자 모델에서의 수신자로서 자신들의 대부분의 삶을 보내는 것에 고통받을 수 있다. 1964년 그의 저작 《미디어의 이해^{Understanding Media: The Extensions of Man}》에서 그는 다음과 같이 예언적으로 말했다. "우리는 신화적이고 완전하게 산다…그러나 전기가 발명되기 전의 낡고 단편화된 공간과 시간 패턴으로 계속 생각한다." 오늘날의 인터넷이 양방향 매체라는 것을 종종 잊어버리는 기성세대의 미디어 소비 습관을 고려해 볼 때 여기서 '전기'를 '인터넷'으로 바꾸면 이 말은 지금과 정확히 들어맞는다. 3개의 전국 TV 방송사가 있었던 시절에 대개 그랬던 것과 같이 그들이 온라인에서 보는 모든 것이 신뢰할 수 있는 것은 아니다. 게다가 디지털 기업들이 자신들의 정보를 어디에 사용하는지는 말할 것도 없고 자신들이 의도적으로 알려주는 엄청난 양의 정보를 인식하지 못할 수도 있다. 이것이 인터넷이 우리의 삶을 장악하기 전에는 미처 몰랐던 생각해 볼 사항이다.

의미하는 바

다행스럽게도 우리의 데이터를 수신하는 모든 사람이 우리를 이용하고 싶어 하는 것은 아니다. 사물인터넷^{Internet of Things, IoT} 혁명을 예로 들어보자. 개인 정보, 선호도, 구매, 고려사항, 의료 기록 등을 통해 연결된 기계장치가 우리의 필요에 꼭 맞춘 환경을 제공할 수 있도록 개발이 한창 진행 중이다.

현재 우리는 아마존의 알렉사^{Alexa}와 같은 음성인식 비서에게 말을 하지만, 곧 주변 환경에서 우리 자신이 데이터 객체가 될 것이다. 변화될 주변 환경은 기분부터 신체 온도, 복용하는 약에 이르기까지 모든 것을 감지한 후에 우리가 말을 하거나 인터페이스를 누르지 않아도 물리적 환경을 자동으로 맞춤화하게 된다.

일론 머스크$^{Elon\ Musk}$가 새로 설립한 생명공학 스타트업 뉴럴링크^{Neuralink}가 개발에 성공하면 우리는 벽, 가구, 판매대, 자동차 등의 표면에 내장된 센서를 작동시켜 우리가 목적지에 도착하기도 전에 미리 준비해 놓음으로써 시간을 절약해 주는 두뇌 임플란트를 하게 될 것이다. '에브리웨어^{everyware}' 또는 언제 어디서든 컴퓨팅이 가능한 '유비쿼터스 컴퓨팅$^{ubiquitous\ computing}$'은 배터리 전력 향상과 적외선, 무선 주파수 인식^{RFID}, 블루투스, 지그비^{ZigBee}, 스레드^{Thread} 등 모든 곳에 내장될 무선 프로토콜을 기반으로 실현될 것이다. 인터넷에 상시 접속된 건강 모니터링은 신체적 문제가 발생한 후 병원을 찾아 집중적인 치료를 받는 것에서 예방적 건강관리로 이동해 가는 데 도움을 줄 것이다. 이타성과 진정한 공감을 바탕으로 발전이 이루어진다면, 특히 시각장애인과 청각장애인, 노인들이 더욱 풍요로운 삶을 살게 되어 밝은 미래가 될 것이다.

2장에서 언급했듯이, 아마존에는 데이터가 만연해 있다. 아마존에서는 데이터를 고객에게 제공할 서비스를 사전에 마련하는 데 이용한다. 물론 광고 대상을 설정하는 데도 사용하지만 풍부한 구매 기록과 브라우저 검색 활동을 통해 각 고객의 실증된 행동과 상당한 관련성을 보이는 데이터를 확보할 수 있다. 이것은 아마존 직원에게까지 확대되며, 이들은 지도부와 운영진이 비즈니스 효율성을 극대화하고 비용을 최대한 낮게 유지하기 위해 사용할 수 있는 데이터를 제공할 책임이 있다. 모든 직원은 또한 이러한 데이터를 사용하여 자신과 팀의 실적을 높은 수준으로 유지한다. 아마존에서는 데이터로 증명할 수 없다면 아무 일도 일어나지 않은 것과 마찬가지라는 점을 기억해라.

너무도 많은 정보가 도처에 있어 주목을 받는 일에 많은 비용이 들고 있다. 미국의 음악가 프랭크 자파Frank Zappa에 따르면, "정보는 지식이 아니며, 지식은 지혜가 아니다." 단지 무언가를 세상에 내놓았다고 해서 그것이 목적지에 도달하거나, 사람들의 이해를 얻거나, 가치 있는 평가를 받는 것은 아니다. 이로써 고객을 우선하는 의미와 중요성을 가진 정보를 제공할 책임이 주어진다. 소란 속에서 실재적인 의미(신호)를 제시하면 사람들은 그것에 관해 생각하지 않고 당신에게 마음이 끌리게 된다. 대부분의 정보원에서 중요한 어떤 것도 얻지 못할 것이므로 그들이 관심을 보이는 것은 자연스러운 일이다. 다시 말해 이들의 평가는 진실한 것이 될 가능성이 높다는 것을 의미한다.

대부분의 브랜드는 그 출발로 되돌아가기에 너무 멀리 이동해 왔다. 내 말을 그대로 믿지는 마라. 파리의 철학자이자 사이버네틱스 역사가 장 피에르 뒤피^{Jean-Pierre Dupuy}의 말을 들어보자. 그는 "우리가 하는 방식대로 '소통'하면 할수록 더 끔찍한 세상을 만들게 된다."라고 하며, "여기에 역설이 작용하고 있다. 우리의 세계는 점점 더 많은 정보를 가지고 있는 척하는 세상이다. 하지만 이것이 우리에게는 점점 의미가 결여되는 것처럼 보인다."라고 말한다.

8장

정보와 고객

"사람들은 그들이 영원하고 말은 일시적이라고 생각한다.
사실은 그 반대가 진실인데 말이다."

-엉클 밀트

소년의 아버지가 임종을 맞은 어두운 천막 구석에서 촛불이 깜박거렸다. 밖에서 아들은 염소 털로 짠 천 덮개를 떼어내고 천천히 안으로 들어갔다.

"아버지," 소년이 속삭였다.

"난 여기에 있다. 너는 누구냐, 아들아?"
남자가 눈을 계속 감은 채로 물었다.

"아버지의 첫째 아들 에서(Esau)예요."
소년이 대답했다.
"아버지께서 제게 말씀하신 대로 사냥감을 구해 왔습니다. 이제 일어나 앉아 이것을 드셔 보세요, 그리고 저를 축복해 주세요."

"내가 너를 만져 볼 수 있게 이리 가까이 오너라, 아들아."
남자가 손짓했다. "네가 진짜 내 아들 에서가 맞는지 아닌지 확인해 보고 싶구나."

그래서 야곱^{Jacob}은 그의 아버지 이삭^{Isaac}에게로 가까이 다가갔고, 그의 손을 만지며 아버지가 말했다.
"목소리는 야곱의 목소리지만, 손은 에서의 손이구나. 너는 정말 내 아들 에서가 맞느냐?"

야곱이 대답했다.
"네, 맞습니다."

창세기 27장에서 우리는 최초로 기록된 신분 도용 행위를 보게 된다. 야곱은 그의 아버지 이삭의 눈이 잘 안 보이는 것을 이용해 가문의 첫째 아들에게 물려주는 상속권을 그의 쌍둥이 형으로부터 가져왔다. 이삭은 죽음의 시간이 다가오자 에서에게 사냥을 나가 특별한 음식을 가져다줄 것을 요청했고, 그 후에 그에게 축복을 전하려 했다. 이삭의 아내이자 소년들의 어머니인 리브가^{Rebekah}가 이 말을 엿듣고, 에서가 황야에 나가 있는 동안 그녀가 좋아하는 아들 야곱이 에서로 변장해 죽어가는 아버지에게 음식을 가져다주는 것을 도왔다.

역사에서 개인적 이익을 위해 다른 누군가의 신분을 가장한 것은 야곱 혼자만이 아니었다. 미국 서부 개척 시대와 그 후 1920년대 초 주류 밀매가 성행할 당시에 주류 밀매단은 죽은 사람의 신분으로 위장해 당국의 단속에 한발 앞서 움직였다. 영화 <리플리^{Mr. Ripley}>와 <캐치 미 이프 유 캔^{Catch Me If You Can}>에서와 같이 전문적인 신분 도용은 수법이 너무도 대담해 대중문화에서도 우리의 상상력을 사로잡았다. 역대 최고의 TV 시리즈 <매드 맨^{Mad Men}>의 주인공 도날드 드레이퍼^{Donald Draper}는 실제로는 자신의 상사의 신분을 위장한 딕 휘트먼^{Dick Whitman}이라는 인물이었다. 그는 한국전쟁에서 매복 중에 공격받아 새까맣게 탄 그의 상사의 시신에서 군번줄을 바꿔치기하고 중위로 가장했다.

허구든 사실이든 이 모든 사건은 공통된 한 가지 중요한 특징이 있다. 이 사건들이 컴퓨터 시대가 도래하기 전에 일어났다는 것이다. 당신에게 대담함과 교활함이 있었다면 당신이 아닌 누군가로 가장하는 일은 비교적 쉬웠다. 과거에는 종이와 잉크에 검증 시스템이 기반하고 있어서 쉽게 피해갈 수 있었기 때문이다. 컴퓨터로 인해 신원 도용을 하기가 훨씬 더 어려워졌을 것이라 생각할 수 있다. 망막과 지문 감식을 생각해 보면 여러 면에서 당신의 말이 맞다. 하지만 대부분의 다른 분야에서는 신원 확인이 단순화되었다. 2015년까지 지난 15년간 미 연방거래위원회에 고소장이 가장 많이 제출된 사례가 바로 신원 도용이었다.

신원 도용이 많은 이유는 이제 우리의 모든 사적인 일이 이루어지는 웹에 들어가려면 신원이 필요하기 때문이다. 개인이나 소규모 전문가 해커 집단은 자유롭게 언제든 다시 시도할 수 있으므로 가령, 은행보다 더 민첩하게 행동한다. 범죄자는 한 번만 맞추면 되는 반면 은행과 수천 명의 직원들은 언제나 100퍼센트 오류가 없어야 한다. 게다가 해커가 들이는 비용은 시간과 값싼 컴퓨터, 인터넷 접속 비용, 정크 푸드, 스타워즈 티셔츠가 전부다. 이들이 붙잡힐 가능성도 있다고 생각하지만, 해커가 가장 먼저 하는 일이 디지털 공간에서 자신들의 흔적을 지우는 것이므로 사실상 이들을 붙잡는 경우는 매우 드물다.

따라서 우리는 트위터를 사용하는 데 우리의 정보(사용자 이름(ID)과 비밀번호)로 비용을 지불한다. 지나치게 들릴 수도 있지만, 대다수는 가입하는 사이트에 동일한 비밀번호나 기존 비밀번호를 약간 변경해 사용하므로 이런 정확한 본인확인 세트를 하나 가지면 해커에게 큰 도움이 된다. 그렇다. 대다수의 인터넷 사용자는 똑같은 ID와 비밀번호 조합을 은행, 신용 카드, 음식배달 서비스, 소셜 네트워크, 쇼핑 사이트에서 사용한다. 또 '123456'은 여전히 가장 많이 쓰는 비밀번호이고, '123456789'와 'qwerty'가 그 뒤를 잇는다. 따라서 해커들은 가장 많이 사용하는 수백 개의 비밀번호가 있는 사전으로 시작해 여러분이 상상하는 것보다 훨씬 더 자주 이러한 암호를 알아낸다. 하나를 제대로 맞춘다면 '나쁜 해커'가 어쩌면 여러분의 차고 문을 여는 비밀번호를 가지고 있을지도 모른다.

고객이 온라인에 접속하고 나면 이들이 생성하는 정보는 크게 명시적 정보와 암묵적 정보로 구분된다. 명시적 정보는 사용자가 의도적으로 생성하는 정보로 SNS 게시물, 설문 조사, 경품 응모 등이 포함된다. 명시적 정보에서 얻는 가장 오래된 유형의 암묵적 온라인 정보는 검색과 구매 행동이다. 사람들이 쇼핑을 하거나 뉴스를 읽는 등 일상적인 일을 하는 동안 서버와 데이터베이스에서는 특정 사이트에 얼마나 오래 머물렀는지, 무엇을 검색했는지, 장

바구니에 무엇을 담고 무엇을 삭제했는지, 결제 전에 고려했던 다른 상품은 무엇인지 등에 관한 정보를 추적하여 기록한다.

그러나 여기서 멈추지 않는다. SNS 게시물의 명시적 정보는 숙련된 운영자가 얻을 수 있는 또 다른 층위의 암묵적 정보를 제공한다. '글로리아^{Gloria}'라는 한 여성의 게시물을 만들어 보자. "오늘 사무실에서 가장 친한 친구 @LisaBee1213!와 일찍 빌리스 버거쉑$^{Billy's\ Burger\ Shack}$에 갔다. #미안하지만하나도안미안해"는 다음의 간접 정보를 제공한다. 1) 아마도 사무실이 있는 회사에서 사무직 일을 본업으로 하고 있을 것이다, 2) 사무실을 일찍 나와 친구를 만나고, 그것을 자랑해도 될 만큼의 높은 직업적 위치에 있다, 3) 일반적인 퇴근 시간이 있다, 4) 오늘 출근했다, 5) 절친한 친구가 있다, 6) 빌리스 버거쉑을 좋아한다, 7) 둘 다 분명 채식주의자는 아닐 것이다, 8) 그들의 사무실은 빌리스 버거쉑에서 멀지 않은 곳에 위치해 있을 것이다.

이같이 우리는 데이터 공장이면서 동시에 데이터 광산이다. 우리는 컴퓨터와 연결된 기기에서 매우 일상적인 일을 하면서 엄청난 양의 정보를 만들어 내며, 기업에서는 막대한 금전적 이익을 위해 이러한 정보를 수집한다. 우리는 상당한 양의 정보라는 커런시로 돈을 지불하고 나눠주며, 거대한 기술 기업은 우리의 정보를 가져가 또 다른 커런시, 즉 화폐로 바꾼다. 당신이 페이스북에 올리는 게시물과 구글에서 검색한 정보, 넷플릭스에 시청한 콘텐츠, 아마존에서 쇼핑한 물건은 모두 맞춤형 광고를 위해 마케팅 담당자들이 많은 돈을 지불하는 수백만 개의 인구통계학적, 심리학적 연관성을 만들어 낸다. 적시에 올바른 메시지로 꼭 맞는 고객을 공략하면 낭비되는 지출, 즉 잘못된 사람에게 광고하는 것을 줄여 광고주의 비용을 절약하고 판매 후에는 수익을 창출한다. 따라서 광고주가 사용하려고 돈을 지불할 수 있는 가장 방대하고 심층적인 데이터 세트와 가장 많은 제품을 보유한 기업이 승리한다.

일부 기업들은 명시적 데이터를 얻기 위해 당신을 현금 인출기^{ATM}로 취급하는 이 일방적인 거래 모델에서 공평한 양방향 교환 모델로 태세를 전환하고 있다. 스팀잇^{Steemit}은 자사가 제공하는 공간에 블로그를 만들어 글을 올리면 자신들의 가상 화폐인 스팀^{Steem}으로 당신에게 돈을 지불하는 소셜 네트워크다. 당신의 게시물이 조회되고, '좋아요'를 받고, 공유되는 횟수가 많으면 많을수록, 더 많은 스팀이 당신에게 제공된다. 이와 유사하게 아일랜드 더블린에서는 기자들이 스토리풀^{Storyful}이라는 SNS 뉴스통신사를 설립했다. 이들은 사건이 발생했을 때 사용자가 만든 비디오 영상을 검색해 영상물을 게시한 사람에게 사실을 확인하고 사용 허가를 받은 다음, 이 영상에 대한 돈을 지불하여 뉴스 속보를 더 빠르게 전하는 것에서 기회를 포착했다. 우리는 항상 핸드폰을 가지고 다니므로 자연재해와 범죄, 그 밖에 뉴스가 될 만한 사건을 목격하게 되면 사건이 벌어진 후에 뉴스 제작진이 나타나 영상을 찍기 전에 미리 해당 영상을 손에 넣어 수익을 얻을 수 있다. 루퍼트 머독Rupert Murdoch의 뉴스코프News Corp.가 2013년 2,500만 달러에 이 회사를 인수한 것은 현명하고 실질적인 결정이었다. 현재 뉴스코프는 실제 일어난 돌발사건 영상을 이용하려는 뉴스 매체와 광고주, 기타 모든 기업에 뉴스 콘텐츠를 판매하고 있다.

당연히 서로 다른 거대 기술 기업은 고객 데이터의 각기 다른 분야를 전문으로 한다. 경험을 통해 나는 구글과 아마존이 제공하는 정보에 다소 큰 차이가 있는 것을 알았다. 나와 내 쌍둥이 동생을 예로 들어 설명하겠다. 앤서니Anthony와 나는 개인적 역사, 교육, 가족 구성원, 친구, 관심사 등 평생 동안 거의 똑같은 경험을 공유하고 있다. 하지만 앤서니와 나는 전자상거래 환경과 관련한 명시적, 암묵적 정보보다 검색 엔진에서 훨씬 더 유사한 데이터 객체다.

우선 그가 오하이오주 콜럼버스 교외에 사는 두 아이의 아버지이자 남편이고, 나는 맨해튼에 사는 독신남이라는 점부터 말해야겠다. 구글은 우리를 '논란이 됐던 1973년 오하이오주 미시간 경기에서 수비 MVP는 누구였습니까?'를 검색한 사람으로 알고 있다. 아마존은 우리가 최신 기기를 검색하고 구매하는 것과 같이 몇몇 영역에서는 비슷하지만, 앤서니만 유아용 자동차 시트와 유아용 골프채 세트를 구매하는 것을 알고 있다. 이제 구글은 우리 각자에 관한 엄청난 데이터 세트를 가지고 있어 나의 예는 사소한 것에 불과하다. 또한, 나는 구글을 전적으로 신뢰하지 않는다는 점을 인정하지만, 그렇다 하더라도 우리가 검색하는 것과 구입하는 것을 통해 나타난 데이터 객체로서의 차이에는 타당성이 있다. 구매 데이터가 더 확실히 우리가 실제로 누구인지 혹은 누가 되고 싶은지를 세상에 알려준다. 이 간격은 점점 벌어지고 있는 것 같다.

2018년 9월 어뎁트마인드^{Adeptmind}의 보고서에 따르면 미국 인터넷 사용자의 46.7퍼센트가 아마존에서 제품 검색을 시작하고, 34.6퍼센트가 구글에서 검색하는 것으로 나타났다. 구매와 관련해 아마존은 단순히 물건을 구입하는 곳이 아니라 배우는 곳이며, 이것이 아마존의 강력한 목적이다.

별점과 리뷰가 지배하는 곳

아마존의 인기에 크게 기여한 것 중 하나가 고객 후기다. 심리학 분야에서는 사회적 검증, 즉 정보의 사회적 영향력으로 알려진 원칙이 있다. 이에 따르면 인간은 애매모호한 상황에 직면할 경우 주변에 있는 다른 사람의 행동을 따라 한다고 한다. 사회적 검증은 모든 사람이 보는 앞에서 혼자 서 있던 누군가가 바닥으로 쓰러지지만 아무도 달려나가 그를 돕지 않을 때 군중 속에서 일어나는 일이다. 누구도 달려가 쓰러져 있는 사람을 돕지 않으면, 그를 목격한 사람들은 아무도 나서지 않으므로 자신들이 하던 일을 계속해서 이어간다. 사회적 검증이 우리에게 미치는 영향으로 인해 수백 명의 군중이 있는 가운데 사람이 죽는 일은 매우 불가사의할 정도다.

당연하게도 사회적 검증은 온라인 쇼핑과 같이 위태롭지 않은 상황에서도 작동한다. 어떤 제품을 사야할지 망설여질 경우 나는 다른 사람이 구매한 것을 알아본다. 2장에서 출판사를 화나게 했던 후기처럼 사회적 증거의 영향인 별점 평가는 큰 차이를 만든다. 아마존은 자사 광고주들에게 3.5개 이상의 별을 받은 고객 후기를 광고에 포함시켜 광고 조회 수와 전환율을 높이라고 말한다. 아마존과 LG, 핏비트^{Fitbits}, 게토레이^{Gatorades} 모두 고객이 제품에 만족하는 경우, 리뷰에 올리는 이러한 명시적 정보로부터 큰 이익을 얻는다.

고객 후기와 입소문 외에 고객이 당신의 브랜드를 알게 되는 또 다른 방법은 대개 잘못된 점을 크게 부각시키고 성공작을 과소평가하는 소셜 미디어와 뉴스 보도를 통해서다. 당신은 분명 어려운 대중을 상대하고 있고 새로운 선택 사항과 의견이 온라인에 올라오면서 상황은 점점 더 어려워지고 있다.

마지막으로 가장 중요한 것은 쇼핑이나 시연, 제품 혹은 서비스를 이용하면서 자신의 감각으로 수집하는 정보다. 이는 온라인 식료품 산업의 주된 장벽으로, 이마케터 eMarketer 는 2018년 10월 보고서에서 전 세계 모든 전자상거래 구매에서 식료품이 차지하는 비율이 2.8퍼센트에 불과하며, 미국에서는 그보다 낮은 1.6퍼센트를 기록한다고 추정했다. 의약품을 제외하고 사람들은 자신의 몸 안에 넣는 것에 대해 빈틈없이 시각적, 청각적, 후각적으로 자세히 살펴보는 것을 선호한다. 안타깝지만 아보카도를 눌러 보고 감로멜론(멜론 품종의 하나)을 두드려보는 일은 당신의 컴퓨터에서는 하기 힘든 일이다.

고객으로서 우리는 자신의 몸과 마음을 소유하고 있다.

따라서 기업이 생성하는 우리의 개인 정보에 관해서도 소유권을 주장해야 하지 않을까? 유럽인들은 그렇게 생각하는 것 같다. 장기적으로, 나는 고객 정보를 보호할 뿐 아니라 투명성을 제공하고 심지어 고객 정보를 통해 쌓아 올린 부를 함께 공유하는 것을 존중하는 브랜드가 더 많아지게 될 것이라고 믿는다. 기업의 이익을 조금 줄여 고객과 책임 있는 데이터 파트너십을 구축한다면 좋은 브랜드를 훌륭한 브랜드로 탈바꿈할 수 있다. 또한, 이를 위해 노력하는 브랜드가 오래 살아남는 것을 보게 될 것이다. 브랜드가 이렇게 하지 않을 때 어떤 일이 발생하는지는 우리 모두가 잘 알고 있다.

9장

정보와 브랜드

"새로운 아이디어는 소개팅에서 하는 말에 불과하다."

－엉클 밀트

모스크바 중앙 행정구 내부에서, 특히 센터 18의 계약
자는 뛰어서는 안 되므로 젊은 남자는 뛰지 않으려 있는
힘껏 몸을 움직이며 넓은 아치형의 복도를 재빨리 걸어
내려갔다. 바로크 양식의 아치형 천장, 대리석과 금박으
로 장식한 연녹색 벽, 머리 위 약 6미터 넓이의 둥근 지붕
이 있는 이 복도는 사무실 건물보다는 기차역에 더 가까웠
다. 이곳은 평범한 근무 환경이 아니었다. 1898년 로시야

^{Rossiya} 보험회사가 들어서며 문을 연 이 건물은 나중에 매우 잔혹한 일과 관련되게 된다. 2013년에 이르러 건물의 전 세입자인 KGB^(국가보안 위원회)가 떠났지만, 그들의 뒤를 잇는 러시아 연방보안국^{FSB}이 붉은 광장에서 약 900미터 떨어진 루비안카^{Lubyanka} 광장에 당당히 서 있는 건물을 그들의 본부로 삼았다.

헝클어진 머리와 둥글납작한 코를 가진 26살의 남성이 모퉁이를 돌아 문으로 곧장 다가서며 살며시 노크했다. 안에서 "들어오시오."라는 말이 들려왔다. 그는 문을 열고 살며시 안으로 들어가 조용히 뒤의 문을 닫았다. 조용하고 빠른 러시아어로 그는 "포브^{Forb}, 우리가 해낸 것 같습니다."라고 6개의 영어 단어로 요약할 수 있는 소식을 속사포처럼 쏟아냈다.

드미트리 도쿠차에프^{Dmitry Dokuchaev}는 스파이 활동을 하는 동안 포브라는 가명을 썼다. 연방보안국이 신용 카드 사기 혐의로 그를 체포한 후에 러시아 당국은 그에게 적을 제거할 한 번의 기회를 주었다. 다시 말해, 정보 보안 센터인 센터 18을 위해 일하거나 그렇지 않으면 시내 건너편의 레포르토보^{Lefortovo} 감옥에서 힘든 시간을 보내는 것이다. 센터 18의 장교로서 포브는 그의 사무실에 있는 알렉세이 벨란^{Alexsey Belan}과 카자흐스탄 출신의 캐나다 시민인 22살의 카림 바라토프$^{Karim Baratov}$와 계약하여 러시아 정부를 대신해 미국 주요 기업의 컴퓨터 시스템에 침투했다. 이날 이들은 해냈다.

개인 정보 보호 정책
좋은 사람, 나쁜 사람, 위반한 사람

야후와 미국 관리들이 역사상 최대 규모인 총 30억 개의 계정이 해킹된 사건의 전말을 밝혀내기까지는 4년이 걸리게 된다. 그때쯤 3명의 요원과 동료 장교 이고르 수시친$^{Igor Sushchin}$은 모두 감옥 간힌다. 도쿠차에프, 수시친, 벨란은 CIA와 함께 임무를 수행하며 러시아를 배반한 혐의로 기소되었고, 바라토프는 석방되기를 기다리는 동안 25만 달러의 벌금과 함께 미 교도소에서 5년형을 선고받았다.

구글도 타격을 받았지만 '다시는 되풀이하지 말자$^{Never Again}$'는 내부 슬로건을 내걸고 즉시 투자금을 두 배로 늘려 수억 달러를 데이터 보안 인프라와 보안업무를 전담하는 엔지니어에게 투자했다. 2016년 9월 〈뉴욕타임스〉는 야후가 구글만큼 발 빠르게 대처하지 않는다고 보도했다. 6명의 당시 전 현직 직원에 따르면 CEO 마리사 메이어$^{Marissa Mayer}$는 보안 강화보다 야후 메일과 신제품 개발 등의 분야에서 디자인 개선을 우선시했다고 한다. '너무 비싸다.'라는 주장은 그들의 목적을 위해 자금을 확보하려는 패러노이드(내부 보안 부서의 별명)의 노력에 찬물을 끼얹었다. 야후는 최저 가격을 지불했고, 2017년에는 44억 8천만 달러에 버라이즌Verizon에 인수되었다. 오늘날 야후는 과거의 자신의 그림자가 되었다.

이전 장에서 "당신은 고객의 돈으로 무엇을 하고 있는가?"라고 물었다. 고객의 돈이 회사의 이익에 도움이 된다고 하더라도, 그것을 '당신의 것'으로 여겨서는 안 된다. 그 돈은 고객의 것이며 빌린 돈이다. 데이터도 이와 마찬가지다. 당신은 고객의 정보를 어떻게 사용하고 있는가? 아마존에서는 모든 직원이 정확히 앞에서 말한 야후의 이유로 정보 보호의 궁극적인 중요성을 훈련받는다. 고객의 정보를 보호하는 것은 비즈니스를 보호하는 일이다.

대다수가 앱이나 웹 사이트를 사용하기 위해 가입할 때 읽어 보지 않는 개인 정보 보호 정책에 대한 참고 사항을 말하려고 한다. 브랜드 약관을 읽어 본 적이 있는가? 정말로 처음부터 끝까지 천천히 읽어 본 적이 있냐는 말이다. 다음에 시간이 생기면 돋보기를 가져와 당신이 고객인 것처럼 꼼꼼하게 읽어 보아라. 전부 이해했거나 혹은 적어도 대부분은 이해했는가? 브랜드에 호의를 베풀어 두 번째의, 인간적으로 작성된 개인 정보 보호 정책을 만들라. 물론 법률가가 쓴 기술적인 부분은 그대로 두어야겠지만, 고객을 생각한다면 대화체의 말로 최신 정보를 제공하고 다른 부분은 클릭 한 번으로 볼 수 있도록 하라. 개인 정보 보호 정책은 의도적으로 작성되어 일반인이 이해할 수 없다는 역설이 있는데, 불합리한 일이 아닐 수 없다. 당신은 아마 그것이 법률적 영역이라고 생각할 수도 있지만, 이 말에 대해 이렇게 답하려고 한다. "부끄러운 줄 알라, 법무과. 당신들은 고객 집착이 아니라 자기 집착을 하고 있는 거야."

2018년 4월 10일, 눈에 띄게 긴장한 마크 저커버그가 워싱턴 D.C.의 상원 법사위원회 앞에 앉아 트럼프 대통령의 선거 운동과 관련된 케임브리지 애널리티카 보고서에 관한 질문을 받았다. 기술적 경험이 없는 60~70대의 의원들이 거의 이해하지 못하는 주제에 관해 토론하는 광경은 제외하더라도, 이날 청문회에서 내가 가장 좋아하는 부분 중 하나는 페이스북 CEO와 위스콘신주의 론 존슨[Ron Johnson] 공화당 상원의원 사이의 대화였다.

존슨: 오늘 이 자리에 나와 증언해 주서서 감사합니다, 저커버그 씨. 당신은 얼마나 많은 사용자가 실제로 서비스 약관과 개인 정보 보호 정책, 권리와 책임에 대한 성명을 읽고 있는지 아십니까? 제 말은 실제로 읽는지 말입니다.

저커버그: 잘 모릅니다, 의원님.

존슨: 아주 낮은 비율의 사람들이 읽을 거라 생각하지 않습니까?

저커버그: 의원님, 누가 그 전부를 읽겠습니까? 저는 아마도 대다수가 읽지 않을 것이라 생각합니다. 그렇지만 모든 사람이 약관에 동의합니다.

존슨: 음, 동감합니다. 하지만 모든 애플리케이션을 사용하려면 약관에 동의해야 하고, 대다수는 단순히 '동의' 버튼을 누르는 것이 사실입니다. 그렇지 않습니까?

저커버그: 의원님, 전체 사용자를 모두 평가하는 것은 정말 제게 무척 힘든 일입니다. 하지만…

존슨: 상식적으로 그러한 경우가 일반적일 것입니다.

상원의원이 끼어들어 한 말에 웃음이 터졌다. 개인 정보 보호 정책의 진실은 사용자를 보호하는 것이 아니라 회사를 보호하는 것이기 때문이다. 존슨은 이것이 마치 전 세계 앞에 놓인 일처럼 말하고 있다.

다음번에 여러분이 유나이티드 항공을 타면, 이륙 전에 이들의 비행 안전 영상을 시청해 보라. 이 영상은 귀엽고 정말 재미있으며, 사실 나는 지난번 비행 이후 새로운

영상이 만들어졌기를 내심 바라고 있다. 두려워하는 것을 즐기는 것으로 바꾸는 것. 이것이 고객 지향이고 환상적인 브랜딩이다.

이제, 이번 장에서는 브랜드의 고객 정보 보호 방법이나 문제 외에 더 많은 것을 다룰 것이다. 지난 10년간 고객이 브랜드와 제품에 대한 정보를 얻는 방식에 변화가 생긴 것을 고려해 보면, 디지털 격변이 시작되기 전까지 맥루한의 엄격한 발신자-수신자 모델에 의존해 왔던 것은 브랜드에 유리한 것은 분명 아니다. 물론 마케팅, 광고, 웹 사이트, 보도자료, 기업 설명 활동(IR) 등 오랜 전통의 기업 홍보 수단이 있지만, 이러한 방식은 본질적으로 일방적인 경향이 있다. 기존의 기업 홍보는 고객을 우선하는 경우가 드물기 때문에 대개는 우리가 알고 신뢰하는 누군가가 검증하기 전까지 기업의 이익만을 도모하는 것으로 등한시된다. 너무도 많은 광고주가 쏟아내는 반쪽짜리 진실은 실제 고객 경험과 상반된다.

함께 TV를 보는 사람이 광고에 대고 "완전히 허튼소리"라고 외치는 것을 몇 번이나 보았는가? 아무리 많은 광고비를 지출해도 적어도 한 개인의 경험을 바꾸지는 못할 것이다. 문제는 이러한 변화가 이제 적어도 두 명의 고객에게 영향을 미친다는 점이다. 내 여동생이 몇몇 브랜드의 광고

를 보고 그것이 30초간 늘어놓는 자아도취적 이야기라고
말한다면 나는 그 말을 믿을 것이기 때문이다.

투명성의 양면

당연히 모든 사업체는 법률적 혹은 그 밖의 사유로 기
밀로 유지해야 하는 내부 정보가 있다. 따라서 브랜드 소
유주로서 우리는 과도한 정보 공개와 브랜드 투명성 사이
에서 어디에 경계를 두어야 할까? 유료 마케팅은 브랜드
의 제품 외에 때때로 브랜드 자체를 홍보하기 위해 만들
어진다. 그 밖의 기업 홍보는 규제 기관과 기업 파트너, 언
론, 어디에나 있는 주주를 대상으로 한 정보로 분명한 기
업의 방침을 전하기 위한 것이다. 어떤 정보를 누구와 공
유할지를 결정하는 사람은 누굴까? 내 경험에 의하면 회
사를 보호하기 위해 존재하는 법무팀이 보통 이런 결정을
하며, 그 결과 당신의 브랜드에 관한 정보는 고객이 중심
이 되지 않을 것이다.

결국, 기업이 가지고 있는 철학(기업이 공식화한 가치관이 있
는 경우)과 임직원이 이러한 가치관을 얼마나 잘 기억하고
행동으로 보여주는지가 핵심으로 남는다. 사람과 마찬가
지로 숨길 것이 많은 기업은 정보 공개 결정을 내릴 때 그
권한을 법무팀에 넘겨줄 수밖에 없으며, 사실상 고객에게

낮은 브랜드 자산을 보장하게 된다. 뿌린 대로 거두는 법이다.

이와 반대되는 경우로 캘리포니아주 벤투라에 위치한 지속 가능한 아웃도어 의류 브랜드 파타고니아Patagonia가 있다. 2018년 11월 파타고니아는 공화당의 법인세 감면으로 받은 1,000만 달러를 비영리 환경 단체에 기부하겠다고 발표했다. 기업이 하는 모든 일에서 환경 보호를 우선하는 철학을 변함없이 실천함으로써 파타고니아는 엄청난 고객 충성도를 얻었고, 이로 인해 대부분의 기업보다 자사에 대한 훨씬 더 많은 정보를 공개하면서, 결과적으로 고객의 충성도가 더 높아지게 되었다.

환경 보호와 사회적 책임 활동의 중심은 파타고니아 사이트의 풋프린트 크로니클Footprint Chronicles에 소개되어 있다. 여기에는 목화밭이나 재활용 시설에서 매장 선반이나 창고에 이르기까지 공급망을 통한 모든 제품의 원산지와 이동 경로에 관한 세부정보를 공개하고 있다. 스키 재킷이나 보드용 반바지를 클릭해 보면, 바로 제품 상세 페이지에 '풋프린트 크로니클 보기' 링크가 나와 있다. 이 링크를 클릭하면 고객은 의류 디자이너가 재활용 플라스틱병으로 만든 폴리에스터를 선택한 이유에서 중국 화물선의 탄소 발자국에 이르기까지 모든 것을 아우르는 슬라이드와 동영상, 인터뷰를 볼 수 있다.

파타고니아의 환경 보호 이니셔티브를 담당하는 릭 리지웨이^{Rick Ridgeway} 부사장은 풋프린트 크로니클은 '좋은 제품과 나쁜 제품에 관해 논의할' 기회를 제공한다고 말한다. 2011년 미 〈패스트 컴퍼니〉에서 그는 이렇게 말했다. "우리는 투명하게 정보를 공개하여 여러분을 대화에 초대할 수 있습니다. 풋프린트 크로니클에는 여러분의 의견이나 우리의 제품 생산에 관한 더 좋은 아이디어를 남길 공간이 있습니다." 정말 겸손한 말이 아닐 수 없다. 좋은 사람, 그리고 좋은 브랜드만이 성공할 수 있다.

파타고니아의 투명한 경영은 영국의 비영리단체 패션 레볼루션^{Fashion Revolution}과 소비자연구협회 윤리적 소비자^{Ethical Consumer}가 공동으로 진행한 프로젝트 2018 패션 투명성 지수에서 최고점을 100으로 환산한 점수에서 0점을 받은 디올^{Dior}과 롱샴^{Longchamp} 등의 럭셔리 브랜드와 대조된다. 이 투명성 지수는 150개의 대형 글로벌 패션 브랜드와 유통업체의 사회 및 환경 보호 정책과 관행, 영향에 관한 기업의 정보 공개 수준에 따라 순위를 매긴 것이다. 솔직히 말하자면, 이 조사에서 아마존이 겨우 10점을 받았다는 사실에 매우 놀랐다.

이 조사에서는 업계 전문가가 정책 및 공약, 지배구조, 추적성, 문제 및 개선안, 중점 사항의 5가지 유형으로 구분해 최대 250점의 점수를 부과한다. 패션 레볼루션의 설립자이자 글로벌 운영책임자 캐리 소머즈^{Carry Somers}는 2013년 4월 23일 방글라데시 다카에서 의류 공장 붕괴로 1,134명의 사망자와 수천 명의 부상자가 발생한 사고가 일어난 후에 무언가를 해야겠다고 마음을 먹었다. 이 사고로 전 세계의 브랜드는 수백 개, 심지어 수천 개에 달하는 제조 및 공급망 관계를 조사하여 그들의 옷이 그곳에서 만들어졌는지 확인했다. 이 사실을 확인하는 데 몇 주가 걸렸다. 브랜드 스스로가 자신의 제품이 어디에서 만들어지는지도 모르는 패션업계의 세계화는 분명 복잡하게 뒤얽힌 문제다.

투명성 지수에 관한 '사람들은 누가 내 옷을 만들었는지 알고 싶어 한다'라는 글에서 저자는 이렇게 말한다. "소비자는 오염된 환경에서 위험한 일을 하며, 착취당하고, 빈곤 수준의 임금을 받는 사람들이 만든 옷을 사고 싶어 하지 않습니다. 하지만 실제로 우리가 입는 옷에 관한 정보는 매우 불충분합니다." 또한, 이러한 문제에 통감하며 패션 브랜드만이 아니라 모든 브랜드에서 투명성을 높여야 한다는 2016년 하바스^{Havas}의 다음 말을 인용하고 있다. "전 세계 10,000명의 소비자를 대상으로 실시한 설문 조사에서 78퍼센트의 응답자가 기업이 투명성을 확보하는 일이 어느 정도 혹은 매우 중요하다고 답했다." 우리는 결점이 공공연히 드러나기 전에 기업들이 투명성을 높일 수 있는 방안에 대해 고민을 시작해야 한다. 다시 말해 고객에게 용서보다 허락을 구하는 편이 더 낫다는 얘기다. 이것은 기업에 자신들의 모든 정보를 제공하는 사람들을 위해 기업이 할 수 있는 최소한의 일이다.

아마존에서 고객은 엄청난 양의 데이터를 매일 생성하는데, 2018년의 프라임 데이$^{Prime\ Day}$와 같은 특별 행사일에만 해당되는 얘기가 아니다. 2018년 프라임 데이는 아마존이 17개국의 프라임 회원이 30만 개의 인스턴트 팟$^{Instant\ Pot}$(캐나다의 만능 조리 기구)과 15만 개의 라이프스트로우^{LifeStraws}(미생물과 기생충을 걸러낼 수 있는 휴대용 정수 빨대)를 포함해 1억 개 이상의 제품을 구매했다고 발표하며 역대 최대의 쇼핑 이벤트로 기록되었다.

나는 이 모든 검색 기록과 구매 행동을 포착하고 분석하는 일이 NASA를 크래커 배럴$^{Cracker\ Barrel}$(미국 남부를 테마로 한 프랜차이즈 식당)처럼 보이게 하는 일이라고 농담하곤 했다. 시스템은 예측 모델링, 전략적 재고, 물류 등의 기술을 통해 고객에게 더 나은 서비스를 제공한다는 기본 목표를 달성하기 위해 나날이 똑똑해진다. 또한, 이로 인해 관련성이 더 많은 광고가 제공되어 나에게는 관련 없는 광고로 성가시게 만드는 유아용 자동차 시트와 같은 광고는 나타나지 않는다.

많은 기술 회사들과 마찬가지로 아마존은 공공, 기밀, 극비, 제한, 중요의 5가지 항목으로 데이터를 분류한다. 내가 근무하는 동안 기밀 정보보다 더 중요한 정보는 보지 못했다. 아마존의 데이터는 꼭 알 필요가 있을 경우에만 볼 수 있으며, 나는 알 필요가 있는 것으로부터 1,000광년은 떨어져 있는 광고 제작자였기 때문이다. 내가 아마존에 처음 입사하자 친구들과 가족은 내부 데이터베이스에서 그들의 주문을 검색해 어떻게 진행되고 있는지 확인해 줄 것을 부탁하곤 했다. 그러면 나는 이들의 생각을 비웃으며, "아마존을 모르고 하는 소리야."라고 말하곤 했다.

고객 심리와 피드백에 대한 최신 정보

기업이 고객으로부터 정보를 얻는 또 다른 방법은 브랜드 심리 조사다. 이 조사에서 연구자는 한 곳 이상의 지역에 수천 명의 응답자를 대상으로 약속을 이행하고, 고객 서비스에 대한 의지를 나타내며, 기업의 사회적 책임을 다한다고 생각하는 브랜드와 그 밖의 데이터 포인트에 관해 조사한다. 아마존은 이 조사에서 꾸준히 우수한 평가를 받고 있으며, 수년간 1위를 차지했다. 브랜드 심리 조사와 유사한 연구는 사회 심리 분석이다. 이 연구에서는 조사관이 SNS 게시물을 모아 브랜드에 관해 언급된 모든 말을 찾아 분석한 후 결과물에 긍정, 부정 혹은 중립이라는 평가를 내린다. 어느 방향에서든 압도적인 평가 결과가 나오

지 않으면 이러한 평가는 모두 사소한 것으로 받아들여야
한다.

데이터 분석업체인 인게이지먼트 랩스^{Engagement Labs}가
실시한 연구에 관한 2007년 6월 광고 연구 저널^{Journal of}
^{Advertising Research}의 보고서에서 조사자들은 자동 소총의 판
매를 중단하고 21세 이상부터 총기 구매를 허용하는 딕스
의 스포츠 용품^{Dick's Sporting Goods}의 조치에 대해 SNS에 나타
난 온라인 여론은 부정적이었지만, 오프라인에서는 긍정
적이었다는 결과를 보고했다. 당신의 브랜드에 관해 SNS
에서 떠도는 얘기를 조사하고 있다면, <포브스>가 나이키
와 콜린 캐퍼닉^{Colin Kaepernick}이 나오는 나이키 광고를 통해
증명했듯이, 끊임없이 경계하고 인내심을 가질 준비를 해
야 한다. 나이키가 광고를 내보내고 몇 시간이 지나지 않
아 온라인에서는 반응이 떠들썩하고 험악했지만, 불과 이
틀 만에 분위기가 바뀌며 긍정적인 평가가 이어졌다. 만약
나이키가 고객의 초기 반응만 모니터링했다면, 미래의 광
고에서 사용할 수 있는 강력한 통찰을 스스로 놓쳐 버리게
되었을 것이다.

아마존에서는 "피드백이 선물이다."라는 말을 가끔씩
농담으로 말한다. 우리끼리 빈정거리며 이 말을 건네곤 했
지만, 피드백은 사실 아마존에서 전력을 다해 구하려고 하

는 일이다. 아마존은 할 수 있는 모든 기회를 이용해 고객과 비즈니스 파트너 모두에게 즉각적인 피드백을 요청하고 이들이 피드백을 제공할 수 있게 한다. 프라임 나우 배송에 가입한 직후 나는 핸드폰 앱에서 피드백 버튼이 있는 확인 메시지를 받았다. 데스크톱과 모바일에 있는 모든 디스플레이 광고에는 광고 피드백 있다. 나는 이 링크를 통해 광고의 관련성과 적절성에 대해 자유로운 형식으로 의견을 남길 수 있다. 내가 이러한 피드백을 읽고 심각하게 받아들인다고 말할 때는 내 말을 정말 그대로 믿어도 좋다. 또 고객에게 모든 형식의 광고 보고서를 보내면서 아마존 애드버타이징 계정 임원들은 순추천고객지수[NPS]를 입력하는 링크를 포함시킨다. NPS는 누군가 당신의 회사를 추천할 가능성을 통해 고객 심리를 평가하는 업계 표준이다. NPS 점수는 아마존 내부 보고의 중요한 특징적 요소이며, 이 점수를 높이는 것이 아마존 전체의 프로그램 목표다.

지식재산 활용에 관한 모든 것

마지막으로 지식재산은 브랜드에 매우 중요한 정보 형식이다. 언뜻 보기에 관련 없어 보이는 두 정보 사이에서 독창적인 관계를 만들어 내는 사람이 바로 새로운 아이디어를 내는 사람이 아니던가? 고객 지향적 문화에서 데이터와 리더십 원칙, 프로그램, 목표를 통합한 것이 아마존의 성공 스토리다. 그리고 이 모든 것은 내부의 정보 교환을 바탕으로 하고 있다.

내가 팀을 이끌어 가기에는 부적합한 분야에서 야심 차고 높은 기술적 목표를 가지고 프로그램을 시작할 수 있었던 것은 행운이었다. 아마존에서 지식이 부족한 것은 장애가 되지 않지만, 좋은 아이디어를 생각하지 못하는 것은 문제가 된다. 아이디어가 떠오르면 당신이 할 일은 워킹 백워드Working Backwards(제품에 대한 아이디어가 아닌 고객의 입장에서 출발해 거슬러 올라가는 작업) 문서에 그것을 작성해 당신의 상사에게 전달하는 것이다. 기본적으로 이 문서는 미래에 당신의 아이디어가 세상에 발표될 날의 보도자료다.

당신은 이것을 1~2년 뒤에 생길 일이라고 가정하고 돌아서서, 순서를 바꿔 당신이 해야 할 모든 일이 무엇인지 파악해야 한다. 승인을 받았다면 당신은 이 워킹 백워드 문서를 지도부에 제안할 수 있다. 이 과정의 첫 단계에서 내 서류는 한 페이지로 상세히 기술한 아이디어에 불과했고, 검증되거나 개념 증명을 포함시키지도 않았는데, 전폭적인 지지를 얻었다. 나중에 일어난 일에서 알 수 있듯이 내 상사의 상사는 내 아이디어를 지원하는 경영 스폰서가 되어 런던팀에서 미술감독과 설계기술전문가를 뽑아 아이디어를 시현할 프로토타입 제작에 착수하게 되었다. 그러고 나서 나를 도와줄 정말 똑똑한 사람을 찾아야 했는데, 이때 폰 툴^{Phone Tool}과 목표가 크게 도움이 되었다.

폰 툴은 내부 직원 프로필 시스템으로, 개인 연락처, 역할, 관리자, 성취 배지, 개인 관심사를 포함해 그밖에 아마존 직원이 자신에 대해 공유하고 싶은 모든 것을 올려놓은 곳이다. 모든 사람이 목표와 프로그램을 가지고 있기 때문에 도움을 요청하는 낯선 사람으로부터 전화나 이메일을 받는 일은 흔히 일어난다. 그리고 이러한 요청은 언제나, 매번 환영받는다. 모든 아마존 직원은 똑같은 이유로 이곳에 근무한다. 이들 모두는 이 세상의 모든 수준의 기술과 경험을 대표하며, 높은 기대를 한 몸에 받으며 이곳에 들어왔다. 아마존에서 당신은 목표를 이루기 위해 다른 사람에게 도움을 구하는 법을 빨리 배우며, 다른 분야의 전문가를 찾기 위해 폰 툴을 수시로 검색하게 된다.

나는 아마존의 검색 및 광고 기술 부서인 A9의 책임자를 찾아 캘리포니아 팰로앨토에 있는 그의 사무실로 이메일을 보냈다. "안녕하세요, 제가 누군지 모르시겠지만,"이라고 말하며 "제 이름은 스티브고 런던 사무소에서 광고 제작 전문임원으로 일하고 있습니다. 제가 듣기로는 올해 공격적인 목표를 몇 가지 세운 것으로 알고 있습니다. 이 목표를 빠르게 달성하는 데 도움이 될 수 있는 아이디어가 있어 연락드렸습니다."라고 썼다. 그는 내 이메일을 받자마자 바로 "얘기를 들어보고 싶군요."라고 답장을 보내왔다.

이때가 2016년 12월이었고, 다음 해 10월에 그 목표가 실행되고 작동하고 있었다. 이 기술은 특허 출원 중이므로 더 이상의 자세한 내용은 말할 수 없지만, 나는 낯선 사람이 목표를 달성하도록 돕는 일이 상호 보완적인 관계에 있는 한 자신의 목표를 성취하는 강력한 방법이라는 것을 알게 되었다. 이것은 내가 앞으로 일하게 될 직장에서만이 아니라 평생 동안 실천할 단순한 교훈이다. 아마존을 떠난 지 몇 달이 지나 이 글을 쓰고 있는 지금도 이 프로그램은 여전히 실행되고 있으며, 이것을 향상시킬 새로운 목표도 가지고 있다. 직원 간의 정보 공유로 높은 추진력을 얻는 목표와 프로그램이 아마존의 특별한 비법이다. 아마존의 우위는 이것의 직접적인 결과다. 꽤 단순하지 않은가?

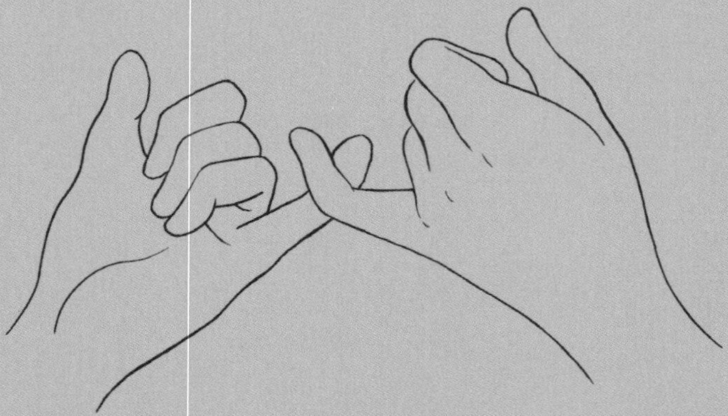

4부

충성도
겸손한 태도로 고객의 말에 귀를 기울여
지속적인 브랜드 소비를 이끌어 낸다

10장

유대감의 형성

"말^{words}은 가장 소중한 재산 중 하나다.
약속을 지켜야만 우리의 말을 지킬 수 있다."

–엉클 밀트

1861년 4월 19일 그의 영혼은 하루 종일 고통으로 몸
부림쳤다. 편지를 쓰고 봉인해 우표를 붙였지만, 아직 그
의 책상에 그대로 있었다. 그 주에 동료들과 행인들은 그
의 무표정하고 심각한 얼굴을 보고 그가 병이 난 게 아닌
지 궁금해했다. 이제 그는 흰 머리와 수염 아래에 드러난
창백한 얼굴로 서재에 조용히 앉아 관자놀이를 문지르며

신에게 대답을 호소했다. 그는 갈 것인가 머물 것인가? 싸울 것인가 기권할 것인가? 그것은 어떤 남자도 견디기엔 너무 벅찬 일이었다.

불과 22일 전에 로버트 E. 리[Robert E. Lee]는 1 기병대의 대령으로 진급되면서 미국에 선서했다. 그는 분리 독립이 이처럼 경이로운 국가를 건설한 미국 헌법 제정자들의 노력을 배신하는 행위라고 비난했고, 이러한 이유로 연방주의자들의 편에 섰다. 그는 최근 미국 수도를 방어하기 위해 그에게 육군 소장의 자리를 제안했던 대통령의 고문인 프란시스 블레어[Francis P. Blair]에게 다음과 같은 편지를 썼다. "블레어 씨, 저는 분리 독립이 이루어지면 무정부 상태가 될 것이라고 봅니다. 제가 남부에서 4백만 명의 노예를 소유하고 있다면, 저는 그들 모두를 연방을 위해 희생하게 할 것입니다. 그런데 어떻게 제 고향인 버지니아에 칼을 들이댈 수 있겠습니까?"

리의 가족은 대체로 연방주의자였고, 이로 인해 그는 결정에 애를 태우고 있었다. 게다가 전쟁터에서 몇 년을 싸우면서 그는 전쟁의 잔혹함을 몸소 경험하기도 했다. 강력한 북부군에 맞서 나라를 지킬 것인가? 남쪽 편에 서서 연방 지지자인 그의 아들이 죽게 할 위험에 무릅쓸 것인가? 결국, 그는 버지니아주에 충성했다. 버지니아주의 아들이기 때문이다.

그다음 날, 리는 사직서를 보내고, 이틀 후에 리치몬드의 버지니아 협의회에 도착했다. 그곳에서 152명의 대표가 그를 버지니아주 군사령관으로 선출했다. 이들 대부분 역시 연방 지지자였지만, 리와 같이 자신들의 주에 헌신했다. 그의 지명을 기념하는 뜻에서 그의 부인의 증조할아버지인 조지 워싱턴^{George Washington}이 소유했던 칼을 그에게 수여했고, 이 점이 칼을 더욱 무겁게 느껴지게 했다. 4년 후, 미국 인구의 약 2퍼센트인 62만 명의 미국인이 사망했다.

브랜드에서의 신뢰

사람들이 상상할 수도 없는 희생을 하게 만드는 리의 충성도는 무엇으로 인해 생기는 걸까? 이에 대한 첫 번째 해답으로 매슬로^{Abraham H Maslow}의 욕구 단계를 살펴볼 필요가 있다. 생존을 위한 음식과 주거지 등의 욕구가 자리한 제일 아래의 2단계를 지나고 나면 소속감에 대한 욕구가 생기게 된다. 서로 힘을 모으고, 자원을 공유하고, 집단을 보호하기 위해 협력하면서 초기 인류가 생존할 수 있었으므로 관계를 갈망하는 욕구는 인간의 본성에 자리 잡고 있다. 버지니아는 로버트 E. 리에게 단순히 하나의 주가 아니었다. 버지니아는 그의 모든 관계의 중심이었다. 어쩌면 그의 어머니보다 더 큰 의미가 있었을지 모른다. 아마도 버지니아는 그 자신이었을 것이다.

인간의 마음은 다른 사람으로부터 도움을 얻고, 충성도와 동맹을 형성하고, 집단 내 다른 사람에게 인정받을 가능성을 평가하는 인지 시스템이 발전하면서 진화했다. 동맹 간의 위협-탐지 메커니즘은 '다른 존재'가 우리 집단에 위험할지 아닐지를 결정하는 데 도움이 되는 신호에 민감하게 반응하는 것에서 형성되었다. 깊이 자리 잡은 신경 메커니즘의 바람직한 특성은 안전, 신뢰, 상호 발전, 충성도인 반면 잘못된 특성은 공포, 인종차별, 외국인 혐오, 민족주의다. 미국에서 인종 간 관계가 가장 조화로운 미 육군을 보라. 당신의 바로 옆에서 행진하는 다른 민족적 배경이나 종교, 신념을 가진 병사가 어느 날 당신의 목숨을 구할 수 있다.

브랜드 영역에서 충성도를 얻는 방법은 신뢰, 혹은 다른 방식으로 표현하면 신뢰를 악용하지 않는 것에서 시작된다. 브랜드나 사람에게 이것은 실천하기 아주 쉬운 일이다. 사모펀드 회사인 블랙호크 파트너스^{Blackhawk Partners}의 사장 겸 CEO 지아드 압델누어^{Ziad K. Abdelnour}는 이렇게 말했다. "신뢰는 얻는 것이고, 존경은 주어지는 것이며, 충성은 증명되는 것이다. 이 중 어느 하나라도 저버리면 세 가지를 모두 잃게 된다." 따라서 약속을 하면 지켜라. 이것은 쉬운 일이지 않은가?

하지만 브랜드의 경우 결코 쉽지 않다. 애초부터 고객이 새로운 브랜드에 관심조차 주지 않으려 하기 때문이다. 이런 저항 역시 우리 안에 내재된 특성이다. 신경 화학적 통로가 신체적 상해뿐 아니라 혼란에 대처해야 하거나 선택하는 등 시간이나 돈을 낭비하는 모든 크고 작은 위협을 본능적으로 탐지하도록 설정되어 있기 때문이다. 외부 자극을 통해 우리가 더 이상 망설이지 않게 될 때까지 사람은 '아니요'라고 먼저 말을 하도록 타고나는 것 같다.

에릭 놀스^{Eric Knowles} 박사는 저서 《저항과 설득^{Resistance and Persuasion}》에서 이러한 저항을 세 가지 유형으로 구분한다. 설득 과정 자체에 저항하는 유도 저항, 제의나 제한에 대한 저항인 회의주의, 변화에 저항하는 관성이 그 세 가지다. 고객의 이런 저항은 브랜드가 오르기에는 높은 장벽이다. 따라서 당신의 광고문은 직접적이고 효과적이어야 한다. 그렇지 않으면 또 다른 기회를 얻을 확률이 낮을 것이다. 이것이 바로 사람들의 긍정적인 입소문이 모든 마케팅 담당자들에게 중요하게 된 이유다. 당신의 관심사를 기억하고 있는 연인이 당신이 바라던 것을 충족해 줄 제품을 추천할 경우 당신이 느끼는 대부분의 저항감은 사라지게 된다. 추천하는 사람의 평판, 즉 신뢰가 달린 문제기 때문에 이미 암시된 강한 '집단 안전' 반응에서 조언을 받아들인다.

모두 화학 반응일 뿐이다

모든 역학은 생리적이다. 도파민은 뇌에서 합성되는 신경 전달 물질로 뉴런에서 다른 신경세포로 곧 이뤄질 보상에 대해 신호를 보낸다. 또 예측할 수 없는 일과 사소한 정보에 자극을 받고, 사고와 기분, 수면 등의 다양한 뇌 기능에도 중요한 역할을 한다. '기쁨의 호르몬'이라고 알려진 특성과 달리, 약리학자들은 도파민을 자극의 호르몬, 다시 말해, 바라는 결과로 유기체를 몰아가는 화학 물질이라고 생각한다. 두 번째 호르몬은 '허그 호르몬'으로도 알려진 옥시토신으로 사회적 유대 및 아기와의 친밀한 관계를 형성하거나 성행위, 출산, 모유 수유를 할 때에 뇌에서 분비된다. 옥시토신은 신뢰를 북돋우며, 가족과 공동체를 연결하는 접착제의 역할을 하고, 친밀한 관계에 윤활유로 작용한다.

이 두 가지의 강력한 화학 물질은 모두 인간의 의사결정에 매우 중요한 역할을 한다. 결국, 매슬로의 소속감은 생물학적인 결과로 생겨난 듯하다. 2007년의 변곡점을 지나고 얼마 되지 않아 이러한 메커니즘이 우리의 뇌에 미치는 영향에 관해 언론 보도가 쏟아져 나오기 시작했다. 2010년 〈패스트 컴퍼니〉의 아담 페넨버그[Adam Penenberg]가 MRI 기계에 들어가 여러 활동 가운데 트위터를 하는 동안 매 초마다 분비되는 그의 신경호르몬을 측정한 실험이 기사에 소개되었다. 그 결과 그의 옥시토신 수치가 10분 만에 13.2퍼센트 상승했는데, 이는 결혼식 날 신랑이 느끼는 흥분에 해당하는 수준이었다.

2017년 데이비드 브룩스[David Brooks]는 <뉴욕타임스>의 기명 칼럼란에 '기술은 얼마나 사악한가?'라는 제목의 칼럼을 통해 이렇게 말했다. "기술 회사들은 어떻게 하면 뇌에서 도파민 상승을 촉진하는지 알고 있으며, 우리를 유혹하고 '충동 고리'를 만들어 내는 '하이재킹 기법(사람들의 관심을 장악하는 기법)'을 그들의 제품에 적용하고 있다." 위에서 언급했듯이, 도파민은 예상치 못한 일을 경험하거나 사소한 사실을 알게 되었을 때 분비되며, 보상을 바라는 동인으로 작용한다. 그리고 옥시토신은 다른 사람에게 유대감을 느끼면서 생성된다. 이 두 호르몬으로 인해 전 세계 수백만 명의 사람들이 언제나 반중독 상태에 있어 '주목경제[attention economy]'를 활성화하고 있다.

애정일까, 중독일까?

브랜드도 소비자의 중독성 있는 행동에 가담하고 싶어한다. 십대가 인스타그램에 빠져 있는 것처럼 브랜드 스토리에 빠져드는 것이 가능할까? 충분히 가능해 보인다. 2018년 6월 〈허핑턴포스트 Huffington Post〉는 '2017년 가장별난 아기 이름'의 일부 순위를 매겼는데, 그중에는 브랜드 이름인 테슬라(여 130명, 남 11명)와 환타(여 24명), 메이블린(여 20명)이 포함되어 있었다. 12명의 여자아이와 6명의 남자아이가 케이블 스포츠 방송국의 이름을 따 Espn이라는 이름이 붙여졌다. 물론 이름은 나중에 쉽게 바꿀 수 있다. 그렇다면 브랜드가 얻을 수 있는 지속적인 명예가 있을까? 할리데이비슨과 애플, 나이키에 물어보라. 이들의 로고는 매년 모든 문신 시술소에서 이들 팬의 피부에 영구히 문신으로 새겨진다.

전기 자동차 회사의 이름을 따서 아이의 이름을 짓고 이두박근에 할리 독수리를 새기는 일은 단지 극단적인 브랜드 사랑을 실천하는 것이 아니라, 인터넷 접속이 필요하지 않은 다른 형태의 사회적 네트워크를 형성하기 위한 것이다. 자동차에 자신들의 정치적 소속을 나타내는 범퍼 스티커를 붙이는 사람들과 같은 이유로, 브랜드에 대한 탐닉을 공공연히 드러내는 일은 "저는 X 브랜드를 당신이 사랑하는 것보다 훨씬 더 사랑해요."라고 세상에 외치는 일부 추종자들에게 자신을 알리는 행위다. 또한, 이들의 삶에 대한 소망을 브랜드의 이상과 연결 짓는 일이기도 하다. 왼쪽 가슴에 나이키 로고를 새긴다면, 당신의 스포츠 기량을 말하고 있는 것이다. 딸의 이름을 샤넬이라고 지으면, 당신의 딸이 멋지게 성장해 화려한 삶을 살기를 바란다는 것을 세상에 알리게 된다. 마케팅 담당자들은 이러한 행동을 부추겨 도파민과 옥시토신을 활성화하는 방법을 배우기 시작했다. 헬스클럽 체인 애니타임 피트니스^{Anytime Fitness}의 CEO 처크 런연^{Chuck Runyon}은 애니타임의 '달리는 남성' 로고를 문신으로 새기고 사진과 함께 문신을 새긴 이유를 전송하는 사람에게 모든 비용을 보상해 준다. 그는 이것을 'ROEI', 즉 '감성 투자 수익률^{Return on Emotional Investment}'이라고 부른다.

팀 우선주의

스포츠팀은 스포츠 네트워크 못지않은 브랜드이며, 스포츠팀의 수많은 열혈 팬은 수십 년 동안 슈퍼스타의 이름을 따 아이의 이름을 짓고 스포츠팀의 로고와 심지어 우승 날짜까지 문신으로 새겨 왔다. 앞서 언급했듯이 나는 유럽과 북미에서 모두 살았는데, 영국 프리미어리그 축구에 대한 사랑은 1996년 런던에서 열린 첫 경기에 참석하면서 시작되었다. 하지만 영국에 살고 난 후에야 비로소 부끄러움이 없는 모습의 충성도를 보게 되었다.

내가 가장 좋아하는 취미는 단연 대학 미식축구인데, 모든 경기가 NFL(미국 프로 미식축구 연맹)을 하찮게 보이게 할 정도로 미국에서 많은 열광을 불러일으킨다. 미 전역에서 매해 가을 토요일마다 펼쳐지는 화려한 행사와 10만 명 이상의 팬을 수용하는 경기장의 매진 행렬은 변함없이 펼쳐지는 광경이다. 반면 영국은 실제로 목격하지 않았다면 설명하기 어려울 정도로 분위기가 사뭇 다르다. 일단 경기장에 들어서면 심한 폭력과 난동을 막기 위해 각 팀의 팬이 서로 어울리거나, 함께 경기장에 입장하거나, 심지어 서로 옆에 앉는 것도 금지될 정도다.

한번은 친구가 응원하는 팀인 브라이튼 앤 호브 알비온Brighton & Hove Albion과 내가 응원하는 팀 웨스트햄West Ham이 시합하는 홈경기에 함께 가서 나란히 옆에 앉는 표를 구매했다. 정말 아무것도 모르는 미국인이 멍청한 짓을 한 셈이다. 상대 팀을 응원하는 팬이 홈팬에게 마련된 경기장 구역에서 자신의 팀을 응원할 경우 경기 안전요원이 바로 달려와 그를 보호하기 위해 경기장 밖으로 안내한다. 상대 팀이 3:0으로 이기고 있는 동안 내 친구는 응원을 하거나 심지어 흥분한 모습을 나타낼 수도 없었다. 경기가 다시 시작할 때까지 손등으로 내 허벅지를 1분에 100번씩 치는 게 전부였다. 그에게는 많은 도파민이 생성됐을 것이다. 그럼 나한테는 옥시토신이 분비됐을까? 아마 그랬을지도 모른다.

이제 우리의 높은 충성도가 어디서 비롯되는지 쉽게 알 수 있을 것이다. 핵심어는 '어디^{where}'다. 월드컵이나 올림픽과 마찬가지로 대학 축구의 열렬한 팬도 같은 전형을 따른다. '우리'라는 깃발 아래 이러한 경기에서 시합을 펼치는 선수의 경기력은 정확히 로버트 E. 리의 경우와 같이 팬이 어디에서 왔는지가 강력한 동인으로 작용한다. 또 우리 편이 우승하는 것을 보기 위해 있는 힘껏 응원하는데, 이기고 나면 '여기'에 있는 우리가 '저기'에 앉은 그들의 눈에 우월한 모습으로 비치기 때문이다. 신부님에게 매주 토요일 가을에 모든 주요 대학 축구 도시에서 열리는 결혼식에 무엇이 있어야 하는지 물어보라. 그러면 내가 말한 요점이 무엇인지 알게 될 것이다.

이처럼 팀 충성도는 팀 소유권에 악용되기 쉽다. 통계 포털 스태티스타^{Statista}에 따르면, 2006년과 2018년 사이에 NFL 경기의 평균 입장권 가격은 62.38달러에서 100.26달러로 60.7퍼센트가 증가했다. 그렇다면 같은 기간에 경기장에서의 NFL의 제품 품질이 60퍼센트 향상되었고, 핫도그의 가격은 10달러에서 4달러로 내렸고, 화장실 줄은 60퍼센트 짧아졌을까? 거의 그렇지 않다. 2016

년에는 총 60억 달러에 달했고 현재는 수십억이 더 늘어난 것으로 예상되는 NFL의 TV 중계권 계약에도 불구하고 일어난 일이다. 그들은 이것을 어떻게 정당화할 수 있을까? 바로 충성도가 그 이유다. 우리는 우승에 대한 기대가 안겨 주는 도파민 상승과 우리 팀이 승리를 거두면 동료 팬들과 포옹하며 얻는 옥시토신에 대해 흔쾌히 돈을 지불한다.

경기장을 벗어나 충성도가 높은 브랜드 두 개를 결합하면 두 브랜드를 합한 것보다 훨씬 더 큰 결과를 만들어 낼수 있다. 나이키와 카니예 웨스트[Kanye West]의 협업이 대표적인 예다. 2007년 래퍼이자 비즈니스계의 거물 카니예 웨스트는 나이키의 크리에이티브 디렉터인 마크 스미스[Mark Smith]와 함께 신발 라인을 개발하기 시작했다. 운동선수 외의 일반인이 세계 최대의 스포츠 의류 및 용품 제조업체인 나이키에서 신발을 함께 디자인한 것은 처음 있는 일이었다. 2009년에 출시된 에어이지[Air Yeezy] 운동화는 즉시 큰 인기를 끌었고 전 세계적으로 희소성 있는 상품이 되면서, 중고시장에서 최고 1만 달러에 거래되기도 했다. 3년 후 에어이지 2가 출시되었을 때도 똑같은 일이 벌어졌다. 이런 천문학적 가격을 지불하는 운동화 마니아에 웃음이 났지만, 이런 사례는 높은 충성도를 가진 두 브랜드를 결합하면 적절한 고객층에 놀라운 효과를 이끌어 낼 수 있다는 내 주장을 증명하고 있다. 나도 예외가 아니다. 내가 좋아하는 신발 브랜드 가운데 하나인 닥터마틴^{Dr. Martens}이 좋아하는 밴드인 조이 디비전^{Joy Division}과 협업해 한정판 부츠 라인을 출시한 것을 알게 되자 바로 빠르게 상점으로 달려갔다. 우리는 도파민의 노예다.

의미하는 바

당신의 브랜드는 최신 유행하는 신발 회사나 힙합 가수가 할 수 있는 것처럼 많은 팬을 모으지 못할지도 모른다. 하지만 그렇다고 해서 당신의 충실한 고객이 매우 좋아하는 다른 브랜드(회사든 개인이든 관계없이)와 협업을 고려해 볼 필요가 없는 것은 아니다. 당신이 할 수 있는 한 자주, 또 열심히 고객의 말에 귀를 기울이고 있다면, 아마도 당장 머릿속에 떠올릴 수 있는 제품과 대상 고객을 알고 있을 것이다. 그렇지 않다면, 고객에게 물어보라. 아직 시도해 보지 않았다면 당신의 브랜드의 가장 열렬한 마니아를 찾고 이들을 위한 커뮤니티를 만들어라. 이들의 충성도에 대해 보상하고, 3달마다 특별 혜택을 제공하는 '브랜드 전문가'를 선정해 계속해서 이들에게 다가가도록 하라.

앞에서 나는 화폐가 가장 인기 있는 커런시고 정보가 가장 강력한 브랜드 커런시라고 말했다. 그렇다면 충성도는 증폭시키는 커런시다. 만약 당신이 이것을 모든 훌륭한 충성도 보상 프로그램의 근간을 이루는 다른 세 가지 커런시 중 하나와 결합시킬 방법을 찾는다면 그 투자에 대한 높은 수익률을 얻게 될 것이다. 이것이 제대로 이루어지면 뇌에 화학물질을 생성하므로 나는 이것을 '기쁨을 동반한 충성도joyalty'라고 부른다. 이것이 훌륭한 브랜드가 이끌어 낼 수 있는 것이다.

마지막으로 충성도는 결혼과 같은 서약이다. 오래 결혼 생활을 해 온 부부는 알고 있듯이, 결혼식 날에 한 약속은 모든 관계에 따르기 마련인 피할 수 없는 삶의 부침을 다루기 위해 매일 아침 새로 다짐해야 한다. 고객 헌신은 '정했으니 잊어버려.'라는 사고방식이 아니다. 고객의 도파민과 옥시토신의 생성을 촉진할 다음 계획에 대해 매일 의미 있는 대화를 나눠라. 당신이 제안할 때마다 고객이 "네." 라고 서약할 진정한 이유를 제공해라.

11장

충성도와 고객

"진정한 충성도는 형태가 있다. 바로 완전한 원이다."

—엉클 밀트

"이제 이틀 남았다." 그녀의 앞에 있는 남자가 잠에서 깨어나 옆으로 몸을 돌려 인도 위 그의 침낭을 매만지며 말했다. "저는 비가 오지 않게 해 달라고 기도했어요." 손에 든 커피를 감싸며 아침 하늘을 올려다보던 그녀가 대답했다.

그녀 뒤의 4명의 20대 청년들은 밤새도록 잠을 자지

않았고, 대신에 에너지를 유커^{Euchre}(미국 및 호주에서 즐기는 카드게임의 일종) 게임에 집중하는 데 쏟았다. 카드게임을 벌이며 밤새 고성과 욕설을 서로 주고받는 이 청년들 때문에 그녀는 단 한 시간도 제대로 쉴 수 없었다. 그녀는 눈 밑을 비비며 콧날을 두 손으로 꼭 집었다. 이틀만 더 기다리면 된다.

이날은 2007년 6월 27일이며, 장소는 센트럴 파크 맞은편 맨해튼 미드타운의 5번가였다. 바로 전날에 만들어진 줄은 벌써 여러 블록을 감싸고 있다. 여자 앞에 줄 선 남자는 54세의 마케팅 담당 임원이었다. 그녀의 나이는 그의 절반이었고 직업은 웹 디자이너였다. 둘 다 고가의 운동복 차림에 고급 캠핑용품에 둘러싸여 있었다. 줄을 선 대부분의 사람들은 이와 비슷한 모습이었고, 그렇기에 뉴욕 빈민가에서 흔히 목격되는 노숙자들로 착각할 수 없었다. 그렇다면 대체 이들은 왜 여기에 모여 있는 걸까?

5개월 전 스티브 잡스는 애플이 휴대전화 사업에 진출하려는 계획을 발표했고 그 뒤 굉장한 반응이 이어졌다. 전례 없는 광고 캠페인이 벌어진 후 아이폰이 그 주 금요일에 출시될 예정이었고, 매장을 방문하는 모든 사람에게 그들의 열렬한 충성도에 대한 보답으로 아이폰이라고 하는 새로운 기기를 499달러나 599달러에 살 수 있는 기회를 줄 예정이었다. 아이폰은 계속해서 전 세계 통신업계를 변화시키고, 2018년에 처음으로 1조 달러를 돌파한 애플의 시가 총액에 엄청난 기여를 하게 된다.

브랜드 커런시의 관점에서 보면 이 고객들은 지난 수십 년간 애플에 쌓아 온 상당한 양의 충성도를 소비하고 있는 것이었다. 금속과 트랜지스터, 유리로 만들어진 이 기기를 획득한 후에도 애플에 대한 그들의 브랜드 스토리가 똑같거나 혹은 훨씬 더 긍정적인 방향으로 계속될 것이라는 약속에 수백 명의 부유한 전문직 성인들이 3일 동안 길가에서 자는 일을 마다하지 않았다. 몇 년 후, 2011년 BBC 다큐멘터리 〈슈퍼브랜드의 비밀〉에서 신경과학자들은 애플 마니아의 뇌를 촬영한 MRI 결과를 스스로 '매우 종교적'이라고 생각하는 사람들의 뇌와 비교했고, 애플과 종교가 뇌의 같은 부분에서 똑같은 반응을 일으키는 것을 발견했다. 그렇다면 우리는 그날 줄을 선 사람들의 무리를 예배 행렬로, 애플 스토어를 성당으로 간주해도 무방할 것이다. 엄청난 도파민이 생기는 일이다.

애플이 망하면 어떤 일이 벌어질지 상상할 수 있는가? 충성스러운 애플 마니아는 본질적으로 내기에 해당하는 일에 자신들의 안락과 직장 휴가를 기꺼이 포기했다. 형편없는 제품에 이런 충성도가 발휘되었다면 애플이 신뢰를 다시 얻기까지 몇 년의 시간이 걸렸을 것이다. 다행스럽게도 아이폰은 그들이 확신한 대로 선풍적인 인기를 끌었고, 그 뒤 애플의 사례는 비즈니스 서적의 주제가 되고 있다. 나아가 매년 애플에 2억 달러 이상의 수익을 안겨 주고 있다.

소수의 브랜드만이 애플이 차지한 위치에 도달한다. 그러나 모든 브랜드 소유주는 충성도의 이면인 용서를 항상 염두에 두고 있어야 한다. 기업과 그들이 만들어 낸 브랜드 스토리는 결국 사람이 소유하고 관리하며, 사람은 실수를 하기 마련이다. 아마존의 파이어폰과 같이 대부분의 실수는 최선의 의도로 만들어지지만, 왜 그런지 모르겠지만 과녁을 비껴간다. 파이어폰으로 아마존에 대한 충성도에 타격이 생겼을 수 있지만, 길게 지속되지 않았고 고객들도 오래 기억하지 않았다. 고객들이 브랜드에 쌓아 온 충성도가 그 문제를 재빨리 해결한 것이다. 고객의 말에 주의 깊게 관심을 기울이지 않거나 고객 서비스에 투자하지 않는 등 그 밖의 조직적인 실수는 고객에게 고의적인 것으로 보이며, 결국 브랜드에 종말을 고할 수밖에 없다. 이것은 일상적으로 전체 고객 만족도에서 가장 낮은 점수를 받는 통신 산업과 케이블 TV업계가 두려워하는 일로 보인다.

충성도 은행: 부채와 신용

실수는 있기 마련이고, 우리는 모두 실수를 한다. 그렇지만 이러한 실수로 재난이 발생하기도 한다. 이 책은 브랜딩에 관한 내용을 다루고 있지만, 1982년 가을 시카고랜드 주민들이 청산가리가 섞인 타이레놀 캡슐을 복용한 뒤 갑자기 사망하면서 일어난 가장 유명한 사례를 얘기하지 않는다면 내 일에 태만한 것이 될 것이다. 며칠 만에 타이레놀로 인한 약물중독으로 7명이 사망했고, 부검 결과 그들 모두 청산가리와 타이레놀 복용이 죽음의 원인으로 밝혀졌다. 그러자 모든 브랜드의 가장 끔찍한 악몽이 현실로 나타났다. 경찰 순찰차가 타이레놀 복용을 중단하라고 외치는 확성기를 켜고 시카고 시내를 돌아다니자 모든 대중 매체에서 국가 전체에 경고 메시지를 내보냈다.

대학의 홍보학 관련 책에 등장할 정도로 훌륭한 홍보 사례에서 존슨앤존슨Johnson & Johnson은 책임을 회피하는 대신 모든 제품의 생산을 중단하고 대중과 병원, 유통업체에 자사의 경고를 발표했다. 1주일 만에 3,100만 개의 타이레놀 병의 유통을 중단시키며 전국적인 리콜을 실시했다. 철저한 조사가 이루어지고 나서 존슨앤존슨은 죽음에 대한 모든 책임에서 벗어났지만, 전체 소비재 부문에 심각한 피해가 발생했다. 이 사건과 더불어 전국적으로 더 많은 모방 살인이 발생한 후에 변경 방지 포장과 기타 비용이 많이 드는 안전 조치를 품질관리 방식에 도입하는 것이 의무화되었기 때문이다.

범인은 밝혀지지 않았지만, 범인이 누구든 사람과 브랜드 둘 다 죽이려고 했다면 후자는 실패했다. 이 사건이 발생하기 전에 타이레놀은 일반 진통제 시장에서 35퍼센트의 점유율을 차지하고 있었지만, 사망자가 생긴 후에는 8퍼센트로 크게 감소했다. 1억 달러를 투자하고 나서 1년 만에 존슨앤존슨은 재개하여 1위 자리를 다시 차지했지만, 대부분의 브랜드가 이런 시련을 견딜 수 있다고 생각하기는 어렵다. 고객의 신뢰성을 바탕으로 타이레놀이 얻을 수 있었던 용서는 결국 타이레놀을 살려냈다.

2007년 납 페인트를 함유하고 있다는 이유로 약 150만 개의 토마스와 친구들Thomas the Tank Engine 장난감이 리콜될 당시 제조업체인 RC2사RC2 Corporation는 적어도 초기에는 타이레놀의 교훈을 따르지 않았다. 처음에 RC2사는 고객에게 자비로 장난감을 우편으로 다시 보내 달라고 요청하며 부모들을 분노하게 만들었고 화가 난 언론에 더욱 불을 붙였다. 기업의 지도부가 반복되는 요청에도 응답하지 않자 언론에서는 〈뉴욕타임스〉의 'RC2의 기차 사고RC2 Train Wreck'와 같은 헤드라인을 쏟아내고 있었다. 소비자제품안전위원회^{CPSC}와 125만 달러에 합의에 이르고 검사 과정을 전면 개편하고 나서 RC2사는 가장 전통 있는 장난감 브랜드의 위치로 되돌아갔다. 앞의 두 예(하나는 특정 브랜드가 의도치 않게 연루된 범죄 행위였고, 다른 하나는 미국에 들어오면 극단적 수준의 정밀검사가 필요한 느슨한 소비자 제품안전 기준의 제품이 중국산 제품의 위험성을 수면 위로 끌어올린 사건이었다)는 하나의 사례로 한정되며 두 회사 모두에서 업계 전반으로 확산되지 않았다.

안타깝게도 치포틀레 멕시칸 그릴^{Chipotle Mexican Grill}은 기회를 잡을 수 없었다. 2015년 9월 여러 건의 식중독 사례가 미네아폴리스에서 처음 발생했고 45건의 살모넬라균이 보고되었다. 한 달 뒤 대장균이 급속히 확산되면서 이 멕시코 음식 체인점은 워싱턴과 오리건주에 있는 43개의 매장을 닫아야 했다. 11월이 되자 캘리포니아와 뉴욕, 오하이오주까지 대장균이 확산되었다. 그 후 두 달이 지나 관련 없는 노로바이러스 오염으로 120명의 보스턴 대학생들이 병원으로 실려 가자 매사추세츠주의 매장도 문을 닫았다. 일이 이렇게 확산되자 공동 CEO이자 공동창업자 스티브 엘스^{Steve Ells}가 투데이쇼^{Today Show}에 등장해 미국 대중에게 개인적으로 사과했다. 그리고 바로 10일 후에 오클라호마, 캔자스, 노스다코타주의 매장에서 다시 대장균이 발견되었다. 물론 회사의 주가는 곤두박질쳤고 동일 매장의 매출도 급감했지만, 어찌된 일인지 브랜드는 계속 유지되었다.

이런 가운데 진정한 알곤퀸 라운드 테이블[Algonquin Round Table](1920년대 미국의 비공식적 작가모임)이라 할 만한 순간에 경영진은 긴 줄과 지저분한 식당 공간 등 매장에서의 좋지 않은 경험을 매출 부진의 원인으로 꼽았다. 2016년 1월 스티브 엘스는 체인점의 식품안전 위기가 확실하게 끝났다고 말했다. 하지만 아니었다. 2017년 7월 미국 버지니아주 스털링에 위치한 매장에서 또 다른 노로바이러스가 발견되면서 일시적으로 매장문을 닫았다. 그리고 20년 넘게 이 체인음식점을 이끌어 온 엘스를 자리에서 물러나게 했다. 이 일이 일어난 직후 소비자들이 식중독을 신고할 수 있는 웹 사이트인 IWasPoisoned.com에 그해 8월부터 10월까지 3개월 동안 100개의 점포당 29건의 신고가 접수되었다. 5건이 접수된 타코 벨[Taco Bell]이 2위를 차지했다.

나는 스티브 엘스가 진심을 다해 사과했다는 점에는 아무런 의심도 하지 않지만, 그의 말은 너무 경솔했다. 2018년 2월 USB 분석가 데니스 가이거[Dennis Geiger]는 USB 에비던스 랩[UBS Evidence Lab]과 공동으로 치포틀레 멕시칸 그릴의 온라인 고객 평점을 분석했고 이들의 평판이 2015년과 2016년 사건 발생 당시보다 훨씬 더 낮아진 것을 발견했다. 이 조사에서 가이거는 설문에 응한 1,600명이 넘는 고객 중 37퍼센트가 '식품안전에 대한 우려'가 치포틀레를

기피하는 주된 이유라고 말했다. 같은 질문에서 맥도날드
는 약 15퍼센트의 응답자가 있었다고 보고했다.

2018년 오하이오주에서 두 번째 발병이 일어나면서 나
는 이 일이 얼마나 더 오래 지속될지 궁금해졌다. 물론 이
치포틀레 멕시칸 그릴에도 그동안 쌓인 고객 충성도에는
한계가 있다. 우리는 사람들이 정말 쉽게 잊어버린다는 것
을 잘 알지만, 얼마나 더 많은 사람이 병이 나야 브랜드에
도 병이 생기고 결국 사망하게 되는 걸까? 식품 서비스 산
업 연구기관 테크노믹^Technomic의 대표 데이비드 헹크스^David
Henkes는 2018년 2월 CNBC에 "치포틀레는 브랜드가 소
비자의 신뢰를 잃으면 어떤 일이 일어나는지를 보여주는
대표적인 사례입니다."라고 말하며, "시장은 현재 매우 경
쟁이 치열하고, 고객은 아주 많은 선택을 할 수 있습니다.
일단 기업과 소비자 간의 유대가 끊어지고 나면 고객을 되
찾기는 매우 힘듭니다."라고 설명했다.

현금인출기로서의 충성도

실수를 하고 용서를 구할 필요가 없는 브랜드는 신제
품이 출시되면 충성도가 수익을 올리는 강력한 도구가 된
다. 당신이 삼성 핸드폰을 좋아한다면, TV를 구매하려고
할 때 삼성을 고려할 것이다. 이것을 마케팅에서는 '후광

효과[halo effect]'라고 하며, 이 후광 효과가 지난 수십 년에 걸쳐 각자 자신의 핵심 제품, 즉 책과 데스크톱 컴퓨터에서 아주 멀리 떨어져 나온 아마존과 애플과 같은 기업의 성공 요인 중 하나다. 아마존에서 쇼핑을 한다면, 나는 프라임 회원에 가입할 것이다. 이 프라임 서비스가 내 기대보다 훨씬 만족스럽다면, 나는 케이블 TV를 끊고 OTT[over-the-top](인터넷을 기반으로 하는 온라인 동영상 스트리밍 서비스) 스트리밍 박스를 받고서 파이어 TV[Fire TV] 가입을 고민할 것이다. 그러나 이것으로 역효과가 발생할 수도 있다. 더 많은 수익을 얻기 위해 브랜드가 잘하는 분야에서 너무 멀리 떨어져 나가면 고객 경험에 불만이 생기고 고객의 충성도를 오용하는 것처럼 보이기 때문이다. 따라서 모든 접점에서 지속적으로 높은 품질을 선보여 먼저 신뢰를 얻고, 그 이후 신뢰를 높여 나가는 일이 무엇보다 중요하다.

충성도는 커런시 중 하나이므로 양방향으로 흐른다. 고객은 브랜드에 소비하는 것은 물론 브랜드로부터 받기도 한다. <하버드 비즈니스 리뷰[Harvard Business Review]>에 따르면 새로운 고객을 얻는 데 드는 비용은 현재 고객을 유지하는 데 드는 비용보다 5~25배 높으며, 고객 보유율을 5퍼센트만 올려도 수익이 25~95퍼센트 상승한다고 말한다. 기업은 비용을 크게 들이지 않는 사소한 일로 고객에 보답해 큰 만족을 이끌어 낼 수 있다.

시간 커런시를 활용하는 것이 신뢰를 얻기 위한 좋은 시작점이다. 가령 탑승 수속 시 전용 라인이나 멤버십 프로그램 회원 전용 계산대 등의 서비스는 차별화된 고급 서비스에 대한 분명한 메시지를 전달한다. 나는 공항과 호텔, 회원으로 가입한 렌터카 업체에서 이런 혜택을 누리는 것을 무척 좋아한다. 충성도가 증폭 커런시라는 것을 명심해라. 고객의 시간을 절약해 충성도를 크게 높이는 일은 도파민의 생성에 매우 큰 영향을 미치며, 새로운 고객을 얻으려고 하는 것보다 훨씬 비용이 적게 든다. 무료 다운로드나 생일 할인 쿠폰과 같은 혜택 역시 감사를 나타내거나 충성도를 높이는 합리적인 방법이다. 다음에 당신이 실수를 할 때 이러한 노력이 보험으로 필요할 것이다. 하지만 충성도를 가로막거나 다루는 일(고객 서비스 및 경청)에 엄청난 투자를 할 때에만 이러한 노력이 보험으로 작용할 수 있다.

마지막으로 고객 충성도의 상태를 파악하기 위해 해지율 또는 시간 단위당 잃어버린 고객 수만 이용하고 있다면, 보통 고객이 실망하기 시작한 지 최소 6개월 이상이 지났을 것이라는 점을 기억해라. 이러한 지표를 '지연 지표'라고 하는데, 당신은 되돌아보며 상황에 반응만 할 뿐, 사전 대책을 강구할 수 없다는 것을 나타낸다.

아마존에는 멤버십 프로그램이 없지만, 대다수는 브랜드 충성도 설문 조사에서 아마존이 언제나 1등을 차지해도 놀라지 않을 것이다. 처음 아마존에 입사해서 나는 상사에게 왜 아마존에는 이러한 멤버십 프로그램이 없냐고 물었다. 그러자 "아마존이 바로 멤버십 프로그램이야."라는 답이 돌아왔다. 이 대답을 통해 나는 리더십 프로그램, 목표, 프로그램, 모든 형태의 고객 서비스, 약속 이해에 대한 모든 책임이 꼭 마일이나 포인트가 아니어도 멤버십 프로그램이 될 수 있다는 것을 알았다. 높은 충성도를 돈으로 살 수는 없다. 그리고 아마존 내부에서는 브랜드 자산이나 신뢰도 조사에서 아마존이 1위를 차지하는 일에 대해 거의 아무 말도 하지 않으며, 논의조차 이루어지지 않는다. 고객을 대신해 모든 대화와 채용, 행동이 이루어질 때, 성공이 뒤따른다.

나는 이것이 디트로이트 라이언스^{Detroit Lions}의 명예의 전당에 오른 배리 샌더스^{Barry Sanders}와 비슷하다고 생각한다. 그는 자신이 기록한 1,991개 터치다운 중 하나를 득점하고 환호하는 기색도 전혀 없이 조용히 심판에게 공을 건네주었다. 성과에 대한 높은 목적을 세우고 그것이 이루어지고 나면, 전에도 이런 목표를 달성했던 것처럼 행동하고 다음 목표를 향해 전진하는 것이 아마존이 취하는 태도다.

의미하는 바

고객 충성도를 얻는 데는 수년이 걸리지만 잃는 것은 순간이다. 소비자들은 모든 참가자가 돈을 벌기 위해 경쟁하는 시장에서 엄청나게 많은 선택권을 가지고 있으며, 이들은 당신에게 두 번의 기회는 주지 않는다. 당신이 일하는 직장에서 회의 안건의 첫 번째 주제가 고객 경험인가? 그렇지 않으면 수익을 높이고 주주를 기쁘게 하는 일을 주제로 회의를 시작하는가? 충성도가 제일 우선하는 가치인가, 아니면 법률 문제와 로비 활동 뒤의 어딘가에 충성도가 자리하고 있는가? 다음과 같이 해 보라. 우선 사항에 관해 논의할 때 사람들이 사용하는 동사의 시제를 주의 깊게 들어보라. 과거(반응적) 시제인가 아니면 미래(주도적) 시제인가? 그다음에, 중요한 비즈니스 회의에서 당신의 동료가 사용하는 '인칭' 대명사를 들어보라. 1인칭 복수(우리)인가 3인칭 복수(그들)인가? 이 질문에 대한 답은 당신의 브랜드가 고객과 관련해 어떤 위치에 서 있고 큰 성취를 이루기 위해 얼마나 더 가야 하는지를 알려줄 것이다.

12장

충성도와 브랜드

"브랜드는 개에게서 아주 많은 것을 배울 수 있다.
첫 번째로는 정직과 충성이다."

―엉클 밀트

군중들이 숨을 죽이고 바라보고 있는 동안 정장을 차려입은 23명의 한국 남성들은 한 명씩 차례로 무대로 다가갔다. 2016년 11월 중국 북부의 스자좡Shijiazhuang은 추운 날씨였지만, 한국에서 온 이 남성들에게는 더욱 추웠을 것이다. 각 임원은 일렬종대로 플랫폼에 올라 자리를 잡고 군중을 향해 돌아선 다음 무릎을 꿇었다. 무릎을 꿇고 고

개를 너무 깊이 숙인 나머지 그들의 머리가 땅에 닿았다. 이들은 이 자세로 5초 동안 그대로 있었다.

사과와 감사를 나타내려는 이러한 몸짓에 방 안에서는 가벼운 박수와 어색한 숨소리가 교차했다. 삼성 임원들은 자신들의 행동으로 수십 개의 삼성 유통업체인 이들 고객의 기분을 상하게 할 생각은 없었다. 92대의 갤럭시 노트 7 스마트폰에 배터리 과열 문제가 발견되어 삼성이 전 세계에 공급한 250만 대의 스마트폰을 회수한 후에도, 이 유통업체들은 삼성을 고집하며 이 사건이 진행 중일 때도 이례적으로 더 많은 주문을 해 삼성 임원진을 크게 겸손하게 만들었다. 한국에서 이런 식으로 무릎을 꿇는 것은 감사와 슬픔, 존경의 표시를 나타낸다. 하지만 중국에서는 이런 행동을 기업 임원이 대중에 영합하는 것으로 여기며 분노한다. 중국에서는 무릎을 꿇는 일이 사원에서 기도를 하는 경건한 순간에 하는 일이며, 연장자에게 존경을 나타내고, 때에 따라서는 음식을 구걸하는 일이기도 하다.

오해에서 비롯된 이 우발적인 행동은 SNS에서 큰 논란을 불러일으켰다. 중국 사람들은 격분했다. 가엾은 삼성은 도저히 사람들의 마음을 돌릴 수 없었다. 항공사가 삼성 핸드폰을 가지고 비행기에 탑승하는 것을 금지하고 신체적 상해 소송에 합의하면서 삼성의 시장가치는 143억 달러로 폭락했다. 그 이후에는 다음과 같다.

타이레놀과 토마스 기차처럼 삼성은 과열 문제를 해결한 갤럭시 S8과 노트9를 성공적으로 출시한 후 1년 뒤에 다시 일어서 위기 발생 전에 얻었던 신뢰를 다시 회복한다. 삼성은 확실히 전 세계 수백만 명의 고객에게 충분한 충성도를 쌓아 이들에게 또 다른 기회를 제공했다. 갤럭시 노트 7이 삼성이 처음 출시한 스마트폰이었다면, 적어도 스마트폰 생산 부문은 문을 닫았을 것이다. 하지만 이 일은 삼성 역사에서 예외적인 사건이었다. 삼성은 사과하고, 문제를 바로잡으며, 어려운 고비를 무사히 넘겼다.

신속하게 모든 실수를 인정하는 것은 본질적으로 '데이 1'의 태도이며, 이런 태도가 회사를 구할 수 있다. 이는 하키팀도 마찬가지다. 메이플 리프스 팀$^{Maple\ Leafs}$(온타리오주 토론토를 연고지로 하는 프로 아이스하키 팀)을 더 이상 응원하지 않는다는 토론토 사람들은 많았지만. 2011~2012 시즌은 특히 형편없었다. 마지막 10개 경기에서 4개의 무실점을 포함한 시즌 마지막의 완패 이후 리프스는 500경기 이하에 출전하며 7년 연속 결승 진출에 실패했다.

어떤 팀에든 나쁜 소식이지만, 홈 링크 경기가 항상 매진되는 6개의 창립 멤버 중 하나인 메이플 리프스에게는 받아들일 수 없는 결과였다. 이번에는 실망한 팬들이 노골적인 분노를 터트리며 이전과는 다른 모습을 보였다. 지구상에서 가장 침착한 사람들이기도 한 캐나다 사람들에게 이런 반응을 이끌어 내기란 정말 어려운 일이다. 이 뚜렷한 불만을 피부로 느끼며 프로 아이스하키 리그의 웃음거리가 되는 일을 받아들이면서 경영진은 캐나다 최대 일간지 〈토론토 스타Toronto Star〉와 그 밖의 지역 일간에 1페이지 분량의 다음과 같은 사과문을 게시했다. "저희는 모든 사람의 기대에 미치지 못했고, 이 점에 대해 유감스럽게 생각합니다. 저희 팀이 시합에서 펼친 경기 방식에 모든 책임을 지며 어떠한 변명도 하지 않겠습니다." 다시 말해 이들은 95시즌 동안 얻어온 충성도의 일부를 투자해 이 충격을 완화했던 것이다. 이듬해 메이플 리프스는 26-17-5의 우승 기록으로 파업으로 단축된 시즌을 마무리하고 스탠리 컵Stanley Cup 결승전에 진출했다. 적어도 이 경우에서는 실패를 공개적으로 모두 인정한 것이 팬을 잃지 않고 경기력도 향상시킬 수 있게 한 것처럼 보인다.

변명이 아닌, 해결책

앞에서 말했듯이, 아마존의 리더십 원칙 중 하나인 '신뢰를 얻어라.'는 직원들이 스스로에 대해 공공연하게 비판적이기를 기대한다. 여기에는 '우리 모두는 이따금 실수로 일을 망친다. 하지만 이런 실수가 정말로 고객 경험을 향상시키려는 과정에서 생겼고, 당신이 똑같은 실수를 다시 하지 않으며, 이 실수를 다른 사람과 공유하여 이들 역시 같은 실수를 되풀이하지 않게 하는 한 모든 것은 용서가 된다.'는 태도가 내재되어 있다. 다행히도 나는 본문에 '?'만 나와 있는 베조스의 전달 메일을 한 번도 받아 본 적이 없다. 상사에게 이런 메일을 많이 받으면 좋을 리가 없다는 점만 알아두자. 무시무시한 물음표는 아니었지만, 내 상사는 고객 광고 피드백을 모니터링하는 팀에서 보낸 메일을 그의 상사로부터 전달받는 적이 있다.

나중에 웨스트 코스트 부서로부터 교회 성가대를 이끄는 한 고객이 그들의 기준으로는 다소 노출이 심한 여배우가 나오는 TV쇼의 전면 광고에 대해 우리에게 편지를 썼다는 것을 알게 되었다. 그날 아침, 교회에서 태블릿을 작동시키자 그들이 실망감을 나타내는 메일을 보낼 정도로 이들을 난처하게 만든 광고가 나왔다. 이 광고를 만든 팀은 즉시 하던 일을 멈추고, 광고를 수정해 다시 내보내면서 귀중한 경험을 했다.

ADX가 영상을 수정한 후에 경영진은 '안돈 코드^{Andon Cord}'에 관한 특강을 열어줬고 잘못된 광고 및 모든 연령대의 고객을 혼란스럽게 하거나 불만이나 짜증, 모욕감을 느끼게 하거나, 소리치게 하거나, 두렵게 만드는 광고를 보게 되면 언제든 '코드'를 잡아당기라고 지시했다. 제2차 세계대전 이후 일본의 산업 재탄생을 이끄는 데 공헌한 아이오와주의 엔지니어 겸 경영 컨설턴트 에드워즈 데밍^{W.} ^{Edwards Deming}의 품질 이론에 기반한 안돈은 도요타에서 처음 도입한 품질보장 방안이다. 이는 생산 라인 작업자가 품질 문제나 결함을 발견하면 머리 위의 코드를 잡아당겨 생산 라인 전체를 중단시킬 수 있게 하는 시스템이다. 이렇게 하면 일본어로 '랜턴'을 뜻하는 안돈이 작동하여 문제가 발생한 지점을 관리팀에게 알려준다.

아마존의 모든 부서는 각 부서 고유의 안돈 코드가 있지만, 이 안돈 코드는 문제가 생기면 빠른 속도로 이동하는 수천 개의 택배 배송에 큰 차질이 생기며 엄청난 양의 택배가 쌓일 수 있는 풀필먼트^{fulfillment}(물류센터에 상품이 입고, 보관, 출고되기까지의 과정을 관리하는 행위) 센터에서 시작되었다. ADX에서 전체 작업을 중단하고 관리자를 불러 평가하도록 하는 것은 그날 이후부터 의무사항이 되었다. 광고주 한 명을 화나게 해서 나가는 비용은 교회 성가대 고객들의 불만과 비교하면 아무것도 아니었다.

아마존에서는 이 방법론, 즉 실수를 공개해 다른 사람이 같은 실수를 반복하지 않게 하는 방식을 'COE^{Correction}

of Error(실수 정정 기록)'라고 부른다. 이것은 실수를 비난하는 일이 아니다. 그보다 아마존 내에는 실수는 혁신의 대가라는 인식이 확산해 있어서 실제 과실이 원인이 아니라면 COE는 작성자나 혹은 COE에 언급된 사람에게 해고통지서를 의미하지 않는다. 나도 몇 년간 근무하면서 COE를 쓴 적이 있는데, 다행히도 내가 실수를 해서가 아니라 우리 팀이 전에는 한 번도 사용한 적이 없는 코드를 사용한 광고에 참여했고, 이 코드로 광고가 나오는 페이지가 사실상 마비되었기 때문이었다. 어쨌든 내 상사는 그것이 나에게는 좋은 경험이었다고 여겼다.

실수가 진행되는 동안 아마존 직원들은 식별, 완화, 수정, 이해라는 4단계 과정을 도입해 실수를 멈추고 해결한다. 이 4단계 과정을 마친 후에 COE를 작성하며, 여기에는 재발 방지를 위한 방안 외에 문제의 시간순 배열과 원인을 상세히 기록한다.

COE에서 내가 가장 좋아하는 부분은 '5번의 why'다. 이것은 실수의 근본 원인에 도달하곤 했던 도요타 산업의 설립자가 개발한 심문 기법이다. 우선 문제점을 설명하고 나서 5번의 'why?'를 묻는다. 예를 들면, "내 핸드폰은 발신 통화가 안 돼. why? 서비스를 받지 못해서. why? 내 서비스가 해지됐어. why? 요금을 내지 않아서. why? 돈이 없어서. why? 가진 돈으로 모두 복권을 샀는데 당첨되지 않았어." 평균 2살짜리 아이와 대화하는 것과 비슷하지만, 다음번 당신의 사업이 예기치 않은 일에 타격을 받을 때 이 방법을 시도해 보면, 이 '5번의 why'로 당신이 얻게 된 결론에 분명 깜짝 놀랄 것이다. 동료가 당신에게 "내 핸드폰은 전화가 안 돼."라고 말하면, 당신은 솔직히 그녀의 무책임한 금전 관리가 문제의 원인이라는 결론을 내렸을까? 아마 "비행기 모드일 거야."라고 먼저 생각했을 것이다. 나는 COE를 쓰면서 문제에 대해 우리가 처음 떠올리는 생각이 맞은 적이 거의 없다는 것을 알았다.

항상 개선의 여지는 있다

고객에 대한 실패를 극복하기 위해 충성도를 소비하는 브랜드와 관련해 내 생각을 숨김없이 얘기하려고 한다. 아마존은 내부에서 하는 방식대로 외부적으로도 잘 처신하면서 자신들의 철학을 실제 행동으로 훨씬 더 잘 보여줄 수 있었다. 대부분의 실수에 대해 그들은 신속하고 정직하게 대응했지만, 적어도 내가 대화를 나눠 본 다수 고객의 의견으로는 모든 부문에서 그런 것은 아니었다. 최근에 보여준 몇몇 긍정적인 활동에도 불구하고, 아마존에는 고질적인 몇 가지의 문제가 있다.

첫 번째는 앞서 언급했던 세금 관련 문제다. 아마존은 합법적으로 운영하고 미국 내 위치한 시설의 관할권에서 부과하는 세금을 납부하므로 나는 이 자체로 사과할 문제가 있다고는 생각하지 않는다. 하지만 적어도 경영진은 부정적인 보도에 대해 일반인들이 이해할 수 있는 타당한 이유를 자세히 설명하여 아마존에 유리한 방식으로 대응할 수 있을 것이다.

두 번째 문제는 직원 만족도이다. 특히 유럽에서는 파업이 일어나고 있는 풀필먼트 센터에 문제가 있다. 아마존 역사상 최고의 매출을 기록한 2018년 프라임 데이에 독일과 스페인, 폴란드의 노동자들은 비위생적인 근로 환경에 항의하며 사표를 냈다. 베조스의 재산과 이들의 월급 간의 엄청난 격차는 이 직원들에게만 해당하는 것은 아니었다. 하지만 2018년 10월 베조스가 성명을 통해 다음과 같이 말하면서 이들의 투쟁에는 소득이 있었던 것처럼 보인다. "우리를 비판하는 사람들의 말을 경청하면서 우리가 하려고 했던 일이 무엇이었는지 깊이 생각했습니다. 그 결과 주도적으로 행동하기를 원한다는 결론에 이르렀습니다. 우리는 이 변화에 매우 흥분하고 있으며 경쟁자와 여러 대규모 고용주들이 노력에 동참하기를 바랍니다." 이후 아마존은 미국에서 시간당 15달러, 영국과 그 밖의 지역에서는 9.5파운드로 최저임금을 인상했다. 꽤 인상적인 성취였다.

마지막으로 2015년 8월 15일 '상처받은 직장에서 대단한 아이디어와 씨름하기'라는 헤드라인으로 〈뉴욕타임스〉에 올라온 폭로는 과거와 현재에 많은 직장인이 겪는 끔찍한 경험을 조명했다. 나는 주저 없이 당신에게 아마존 경영진이 이 기사를 아주 진지하게 받아들이며, 이런 일을 목격하거나 직접 경험한 직원에게 모두 인사과를 방문해 신고할 것을 요청했던 사실을 말할 수 있다. 그 후 얼마 지나지 않아 남성 육아휴직 등의 조치를 시행했고, 출산 휴가를 연장했으며, 새로운 성과 검토 프로세스를 도입했다. 이러한 조치는 빠르게 변화를 가져온 충성도에 대한 투자였다.

이 글을 쓸 당시에도 계속 진행 중이었던 상당히 충격적인 사례 중 하나는 폭스바겐^{Volkswagen}의 배출가스 조작 사건이다. 2014년 캘리포니아 대기자원위원회 CARB^{California Air Resources Board}는 미국과 유럽에서 판매된 차량에서 배출가스 불일치를 조사했다. CARB가 계약한 세 곳의 자료 수집원 중 하나는 웨스트버지니아 대학의 대체 연료 및 엔진, 배출 센터였다. 연구를 진행하는 동안 그들은 두 대의 폭스바겐 차량의 배기관에서 나오는 배출가스를 분석하며 로스앤젤레스를 돌아다녔지만, 어찌된 일인지 그들이 확보한 데이터는 계속 틀리게 나왔다. 실제 테스트를 위해 맞춤 설계한 차량 성능 및 배출가스를 분석하는 섀시 다이너모미터

chassis dynamometer에는 실험실에서 본 것보다 천 배나 많은 배출가스가 표시되었다. 그들은 "이게 맞을 리가 없어."라고 생각했지만, 평가를 위해 계속해서 자료를 수집하고 데이터를 처리했다.

1년간의 분석 끝에 서서히 드러난 진실은 자동차업계와 전 세계 폭스바겐 팬에게 충격을 안겨줬다. 폭스바겐은 실험실 테스트에서 배출가스를 측정하고 바로 법적 허용수준으로 배출가스를 줄이는 '임의 조작defeat' 소프트웨어를 실제로 자신들의 차량에 설치했다. 세계 최대 자동차업체인 폭스바겐은 자사의 차량을 도로 위에서 테스트할 것이라고는 전혀 예상하지 못했고 이 사실이 밝혀질 것이라고는 생각도 하지 못했다. 의도치 않게 웨스트버지니아 연구원은 업계 표준과는 달리 섀시 다이너모미터를 제작하여 많은 중형 차량을 분석하는 프로젝트에 보내졌다. 웨스트버지니아 대학은 그들의 결과를 미국 환경보호청US Environmental Protection Agency 대신, CARB 연구에 자금을 지원했던 국제환경교통위원회International Council on Clean Transportation에 보고했다.

몇 달간의 부인 끝에 폭스바겐은 자신들의 조작이 드러났다는 것을 알고 2017년 1월에 1,100만대의 차량을 조작한 혐의를 인정했다. 이로 인해 폭스바겐 그룹의 CEO

마틴 빈터콘Martin Winterkorn과 많은 임원이 사임했다. 이들은 조작을 묵인하고, 미국인을 사취하려 하고, 대기청정법 Clean Air Act 위반을 공모한 혐의로 체포되었다. 나중에 폭스바겐은 43억 달러의 벌금과 투자자와 고객으로부터 100억 달러가 넘는 소송을 당하게 된다.

수년간 축적된 충성도가 하룻밤 사이에 사라져 버렸다. 웨스트버지니아 대학이 폭스바겐을 끌어내린 것이다. 이 이야기는 언젠가 영화로 만들어져야 한다. 물론 폭스바겐이 고객에게 최선을 다하고, 실수를 불가피하게 용인하는 '데이1'의 환경을 발전시켰다면 피할 수도 있었던 일이다. 그랬다면 단기적으로는 큰 재정적 타격을 입고 주주에게 심한 비난을 받았겠지만, 지금 마주하고 있는 상황과는 전혀 달랐을 것이다. 원고 측 변호사인 안드레아스 틸프Andreas Tilp는 법정에서 "폭스바겐은 2008년까지 자신들이 미국의 배출가스 기준을 충족할 수 없을 것을 알았습니다."라고 진술했다. 그들은 모든 사람에게 '우리는 마감 기한을 지키지 못합니다.'라고 말했어야 했다. 그들은 아무도 눈치채지 못할 것이라고 확신했지만 틀렸고, 그 결과 자동차업계의 랜스 암스트롱Lance Armstrong이라는 오명과 인터브랜드Interbrand의 2015년과 2016년 베스트 글로벌 브랜드Best Global Brand 순위에서(2013년과 2014년 사이 23퍼센트 상승한 후에) 2년 연속 9퍼센트의 하락을 기록하게 되었다.

이 사건이 발생하기 전에 폭스바겐은 스바루^{Subaru}와 아주 유사했다. 스바루는 같은 브랜드별 차량 거래를 조사하는 에드먼즈 거래 충성도^{Edmunds Trade-In Loyalty} 보고서에서 2018년에 2위를 차지했다. 일본의 이 작은 자동차 회사는 일관되고, 품질 높은 차량을 선보여 지난 십 년간 고객 충성도가 45퍼센트 상승했다. 스바루와 같은 브랜드는 재구매 외에도 오프라인 입소문과 SNS의 '좋아요'와 팔로우, 공유 등의 방식으로 고객으로부터 충성도를 얻고 있다. 데이터 분석업체인 인게이지먼트 랩스^{Engagement Labs}의 보고서에 따르면, 2016년 스바루는 고급 자동차 브랜드인 페라리 및 포르쉐와 나란히 업계 최고의 평판을 얻은 것으로 나타났다. 지속가능성과 내구성에 대한 스바루의 헌신은 그들이 하는 모든 일에서 빛을 발하며 고객의 사랑을 받았다. '데이1'의 태도는 부정하게 배출가스를 조작하는 업체들 사이에서 당신의 브랜드를 사랑스러운 환경 운동가로 만들 수 있다.

무언가 팔겠다고? 그렇다면 그 목적은 무엇인가?

실제 고객의 입소문은 새로운 유명인사의 추천사가 되어, 브랜드의 장점을 홍보하는 SNS 게시물이 TV 광고를 어지럽히게 되었다. ESP 스폰서십 보고서^{ESP Sponsorship Report}에 따르면 이러한 변화를 눈치챈 브랜드는 자신들의 이상을 강조하며, 2018년 입소문을 통한 마케팅 투자를 2017년 대비 약 4.4퍼센트 증가한 약 21억 4천만 달러로 늘린 것으로 나타났다. 또한, 2018년 쉘튼 그룹Shelton Group이 실시한 '브랜드와 태도: 사회적 목적이 새로운 유행이다.'라는 연구에서는 "소비자의 86퍼센트가 기업이 사회적 문제에 대해 입장을 취해야 한다고 생각하며, 기업이 사회적 문제에 입장을 밝히는 일이 '매우 중요하다'고 답한 응답자의 64퍼센트는 이러한 약속을 바탕으로 제품을 구매할 '가능성이 매우 높다'고 응답했다."고 말한다. 이러한 경향은 차세대 소비자가 성인이 되면서 더욱 강화될 전망이다.

2018년 '청년 및 사회변화 실태조사'에 따르면 "76퍼센트의 청년이 브랜드가 옹호하는 이슈에 대한 지지를 나타내기 위해 해당 브랜드나 브랜드의 제품을 구매했거나(53%) 구매할 의향이 있다(23%)고 답했다." '하나를 사면, 하나를 기부합니다.'라는 사업 모델을 도입한 탐스TOMS 슈즈와 봄바Bomba 양말, FIGS 수술복은 이러한 기업의 사회적 책임을 바탕으로 사람들의 지지를 얻어 만들어졌고, 매우 큰 성공을 거뒀다. 하지만 이들은 기부를 받은 개발도상국의 신발과 양말, 수술복 산업이 실질적으로 큰 타격을 받으면서 얼마간의 비난을 받기도 했다. 결과적으로 당신의 브랜드가 사회적 문제에 대해 어떤 입장을 취하는지 알고, 그것과 일치하는 명분에 지원하는 것이 똑똑한 비즈니스 전략이다.

　사회적 책임은 오늘날의 브랜드에 매우 중요한 역할을 하므로 일부 마케팅 담당자들은 이것을 새로운 충성도 보상 프로그램으로 여기게 되었다. 이 두 가지를 영리하게 결합할 방법을 찾는다면 당신은 많은 충성도를 얻을 수 있을 것이다. 미국의 신시내티에 본사를 둔 식품점 체인 크로거^{Kroger}를 통해 이 점을 확인해 볼 수 있다. 크로거의 커뮤니티 보상 프로그램은 고객이 계산대에서 그들의 '플러스 카드^{Plus Card}'로 결제 시 적립되는 금액을 모아 매년 학교와 교회, 그 밖의 비영리단체에 수백만 달러를 기부하며, 이 과정에서 고객은 포인트 점수를 얻는다.

　1981년 아메리칸 에어라인^{American Airline}이 현대적인 마일리지 프로그램인 에이어드밴티지^{A advantage}를 처음 도입이래 스타벅스 리워드^{Starbucks Rewards} 프로그램과 같이 업계를 선도하는 멤버십 프로그램이 크게 발전하는 데 도움이 된 것은 디지털이었다. 획기적이지만, 재구매를 장려한다는 개념은 상점 주인이 다음번 구매에 가격 할인을 받을 수 있는 구리 동전을 고객에게 주었던 1700년대부터 미국 소매업에서 시작되었다. 스타벅스 앱을 통해 고객은 자신들이 받은 보상을 추적하고, 특별 혜택을 제공받으며, 도착하기 전에 주문하고, 돈을 지불한다. 그러나 스타벅스에 더 중요한 것은 엄청난 양의 위치 기반 데이터를 생성하는 것이다. 2017년 말 스타벅스는 모바일 결제가 전체 거래의 30퍼센트를 차지한다고 밝혔는데, 모두에게 이득인 셈이다.

최근에 내 친구 한 명은 유람선을 탄 적이 있었다. 배 위에 있는 십여 개의 커피숍은 스타벅스 매장을 제외하고 대부분 썰렁했는데, 스타벅스에는 앱을 사용하는 고객의 줄이 복도까지 길게 늘어져 있었다고 한다. 실수를 바로잡고, 책임지며, 사과하는 일과 더불어 이와 같은 충성도가 과거 필라델피아에서 있었던 사건과 같은 터무니없는 일을 극복하는 데 도움이 된다. 2018년 5월 필라델피아의 한 식당에서 두 명의 흑인 남성이 테이블에 앉아 아무것도 주문하지 않자 식당의 매니저가 경찰에 신고해 이들을 체포한 일이 있었다. 물론 편리함과 일관성으로 수익을 높일 수 있지만, 실수를 만회할 일이 생길 경우 멤버십 프로그램이 도움이 될 수 있다.

당신의 브랜드를 한 번이 아니라 다시 또 사용하고, 심지어 애용하도록 설득하는 일은 그 어느 때보다 더 어려워졌다. 나는 망가진 레코드처럼 선택지는 다양하고 실수는 불가피하다는 말을 반복해서 해 왔다. 성공하려면 브랜드 소유주는 모든 실수를 즉각 인정하고, 투명함을 유지하며, 고객이 대화를 원하는 한 고객과의 대화를 계속 이어나가는 법을 배워야 한다. 이것을 가능하게 하려면 겸손한 사람을 고용하고, 끊임없이 겸손함을 지도하며, 심지어 겸손하지 않은 직원의 태도를 바로잡거나 이들을 해고할 수 있어야 한다. 교만함은 충성도를 낳지 않는다. 의심스럽다면, 당신 안의 라파엘 나달^{Rafael Nadal}에 관심을 돌려보라. 2011년 인터뷰에서 이 스페인 테니스 영웅은 왜 이코노미석을 타고 비행하느냐는 질문에 그의 아이팟이 이코노미석에서나 일등석에서나 음질이 똑같기 때문이라고 답한 적이 있다. 나달의 이런 검소함과 겸손함을 배울 필요가 있다.

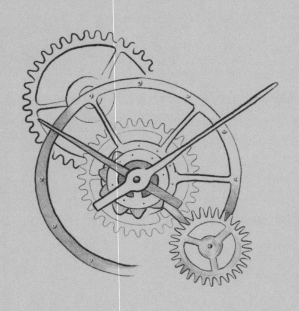

5부

시간

고객의 시간을 절약하여
즉각적인 만족을 제공한다

13장

시간의 가치

"마찰이 없다면, 과거가 미래가 된다."

—엉클 밀트

알버트 아인슈타인^{Albert Einstein}은 화가 났다. 우체부가 구멍을 통해 편지를 떨어뜨리고 어슬렁거리며 그의 집을 떠나자 그는 혼잣말로 저주를 퍼부으며 현관에 어질러진 편지를 살폈다. 오늘은 그의 기준으로도 일이 아주 많은 날이었다. 1905년 3월과 6월 사이 아인슈타인은 역사 속으로 그의 항해를 시작할 4편의 논문을 썼다. 첫 번째 논문은 액체 속의 분자 크기를 측정하는 방법을, 두 번째 논문은 이

분자들의 움직임을 평가하는 방법을 연구했다. 세 번째 논문에서는 빛이 '광자'라고 불리는 패킷에서 이동하는 방법을 탐구했고, 네 번째 논문은특수 상대성 이론에 대한 소개를 다뤘다. 그런 다음 논문을 마치고 몇 개월이 지나자 '오, 한 가지 빠뜨린 것이 있어.'라는 생각에 다섯 번째 논문을 발표한다. 여기에서 그는 물질과 에너지는 원자 수준에서 서로 교환될 수 있다고 주장한, 즉 핵에너지의 과학적 기초를 형성한 'E=mc2'라는 공식을 만들었다.

아인슈타인보다 몇백 년 앞서 갈릴레오 갈릴레이^{Galileo Galilei}는 상대성 이론의 고전적인 버전을 확립했다. 우선 그는 조교에게 부두에 서 있는 자신이 시야를 가로지르며 천천히 이동하는 배를 바라보는 모습을 상상해 볼 것을 요청했다. 다음으로 그는 꼭대기에 있는 배의 돛대에서 돌을 떨어뜨리는 선원을 생각해야 한다. 그 돌이 돛대 아래에 떨어질 것인가 아니면 돛대에서 조금 떨어진 뒤에 떨어질 것인가? 선원의 관점에서는 돌이 바로 아래에 곧장 떨어졌다. 하지만 부두에서는 돌이 직선보다 조금 더 긴 거리를 이동하면서 약간의 경사를 그리며 떨어지는 것처럼 보였다. 당신과 선원 둘 다 맞을 것이다. 돌이 떨어진 경로는 보는 사람에 따라 상대적이기 때문이다.

갈릴레오의 시나리오에서 간단한 한 가지를 업데이트

하여 아인슈타인은 세계를 바꾸게 된다. 배의 갑판으로 떨어뜨리는 것이 돌이 아니라 한 줄기의 광선이었다면 어땠을까? 어느 날 저녁, 그는 자신의 직장인 스위스 베른의 특허 사무실에서 나와 친구이자 동료인 물리학자 미쉘 베소^{Michele Besso}와 이 문제를 토론하며 집으로 걸어가고 있었다. 그는 돛대가 빛이 진공상태에서 초당 이동하는 거리인 299,792킬로미터의 높이라고 가정해 보았다. 중력으로 인해 가속이 붙는 돌과 달리 빛은 속도가 항상 일정하다는 것을 알고 있는 그는 만약 같은 원리를 적용해 빛이 1초에 이동하는 거리를 변경하면, 시간 또한 변한다는 생각이 갑자기 떠올랐다.

그는 이 이론을 '특수 상대성 이론' 또는 정지 상태의 신체와 일정한 속도로 움직이는 또 다른 신체 간의 관계라고 불렀다. 2년 후에는 이 이론을 발전시켜 변하는 속도에서 이동하는 신체에 적용해, 이것을 '일반 상대성 이론'이라고 불렀다. 수 세기 동안 과학 발전에 중요한 역할을 했지만, 이러한 시나리오를 상상하는 것은 쉬운 부분이었다. 다시 8년이 지나야 아인슈타인은 이 이론을 뒷받침할 수학을 풀 수 있게 된다.

이 이론을 수학적으로 증명했을 무렵 아인슈타인은 베를린 대학의 교수였다. 당시에 제1차 세계대전이 발발하여 서유럽은 파멸의 길을 걷고 있었다. 아인슈타인의 연구가 학계와 과학계에 더 많이 전파되려면 그는 논문을 가지고 적진을 몰래 통과해 네덜란드에 있는 친구에게 가야만 했다. 그러면 그 친구가 이 논문의 가설을 시험해 볼 수 있는 몇 안 되는 사람 중 하나인, 영국에 있는 아서 에딩턴 Arthur Eddington에게 전달할 것이다. 그의 이론이 맞다면, 일식을 통해 중력이 빛에 미치는 영향을 관찰할 완벽한 기회를 얻게 되지만, 다음 일식까지는 몇 년을 더 기다려야 했다. 하지만 당시 이것은 잘된 일이었다. 누구도 전쟁이 일어난 세계보다 빛과 중력, 시간에 관한 이론을 더 우선하지 않았을 것이기 때문이다.

1918년 11월 휴전협정 체결로 모든 전쟁이 끝이 났다. 에딩턴과 영국의 왕실 천문학자 프랭크 다이슨 Frank Dyson이 상당한 영향력을 행사한 끝에 자금난을 겪고 있는 영국 정부는 놀랍게도 1919년 5월 29일에 일어날 개기일식을 관찰하기 위해 브라질과 아프리카 서해안의 프린시페에 원정대를 파견하는 데 동의했다. 그해 9월 아인슈타인은 그의 이론을 이용해 계산한 모든 예측이 정확하다는 것을 알리는 전보를 한 통 받았다. 이후 10월에는 유럽의 그의 동료들 사이에서 유명인사가 되었다.

얼마 지나지 않은 11월 6일 다이슨은 원정대의 관찰 결과를 왕립학회와 왕립천문학회의 합동회의에서 공개했다. 그 뒤에 왕립학회 의장인 J. J. 톰슨^{J. J. Thomson}은 아인슈타인의 연구를 "가장 중대한 것은 아니지만, 가장 중대한 인간 사상의 선언 중 하나"라고 일컬었다. 다음 날 아침, 런던 〈타임스^{The Times}〉는 '과학계의 혁명'이라는 제목으로 헤드라인을 장식하고, 그 아래에 '우주의 새로운 이론으로 뉴턴의 사상이 전복되었다.'라는 기사를 내보냈다.

그의 '경이적인 해'가 지나고 거의 15년 만에 알버트 아인슈타인의 이론이 주류 사상에 편입되기 시작했다. 이로 인해 그는 가장 있을 법하지 않은 국제적인 슈퍼스타가 되었다. 공간과 시간은 '공간 시간'이라고 불리는 하나의 연속체 속에 뒤섞여 있다는 그의 주장은 과학계 내부와 외부에서도 새로운 논의를 촉발했다. 전 세계는 더 많은 것을 알고 싶어 했다. 한 명의 관찰자에게 발생한 일이 정말도 다른 시간대의 다른 누군가에게 일어날 수 있을까? 전 세계 수백만 명의 사람들에게 일순간에 전등 스위치가 켜져, 우리 존재의 근간을 밝히고 원시 스프(지구상에 생명을 발생시킨 유기물의 혼합 용액)에서 기어 나온 이후 당연하게 여겼던 것에 의문을 품게 하는 것처럼 보였다.

그리고 그가 큰 인기를 얻은 첫해에는 우체부의 모습도 큰 두려움으로 다가왔다. 아인슈타인은 한 친구에게 보낸 편지에서 이렇게 말하고 있다. "너무나 많은 질문과 초대가 쏟아지고, 이의를 제기하는 편지가 넘쳐나 내가 지옥에서 불타고 있고, 우체부는 나를 보고 으르렁거리는 악마라고 말하는 꿈을 꾼다네. 그는 전에 받은 편지도 아직 답장을 쓰지 못했는데 새로운 편지 다발을 또다시 내 머리 위에 쏟아내고 간다네." 아인슈타인은 이 모든 편지에 답을 할 수 없었고, 무엇이 과학자와 일반인 모두를 흥미롭게 만드는지도 전혀 파악할 수 없었다. 10년 후 그는 이렇게 썼다. "지금까지 실생활과 동떨어져 있던 상대성 이론의 개념과 문제가 일반 대중들 사이에서 왜 이렇게 오랫동안 떠들썩하고, 정말 열띤 반향을 일으키는지, 그 이유를 정말 모르겠네. 무엇이 이 엄청나고 끊임없이 계속되는 심리적 효과를 만들어 낸 것일까? 이 질문에 대한 설득력 있는 답을 아직 들어보지 못했네."

아인슈타인은 "시간이 존재하는 유일한 이유는 모든 일이 한꺼번에 일어나지 않게 하기 위해서다."라는 생각을 한 적이 있다고 한다. 아인슈타인은 최초로 시간을 분해해 물리학과 철학, 경험과 증거를 결합하는 구조로 바꿔놓았지만, 시간을 분석하려고 시도한 것은 그가 처음은 아니었다.

1738년에 발표된 데이비드 흄David Hume의 인간 본성에 관한 논문에서 그는 "이런 철학 연구가 없었다면 해결책에 이르지 못했을 가능성이 매우 크다."라고 말했다. 물론 물리학자들 이전에 수천 년 동안 철학자와 시인, 종교인이 시간의 중요성을 탐구해 왔다.

부처님이 우리에게 "문제는 시간이 있다고 생각하는 것이다."라고 말하기 수백 년 전에 연대순으로 진행되는 《도덕경》에서는 "살아갈 시간과 죽을 시간은 있지만, 순간을 거부할 시간은 결코 없다."라고 주장했다. 힌두교도 바가바드 기타^{Bhagavad Gita}는 "나는 모든 것을 파괴하는 시간이다. 나는 세계를 집어삼켜 왔다."라고 말했고, 기독교 성경에서는 "당신의 삶은 무엇인가? 당신은 잠깐 동안 나타났다가 사라져 버리는 안개 아닌가?"라는 질문을 던졌다. 유대교의 탈무드에서는 "가장 훌륭한 설교자는 마음이다. 가장 훌륭한 스승은 시간이다. 가장 훌륭한 책은 세계다. 가장 훌륭한 친구는 신이다."라고 주장했다. 코란^{Koran}(이슬람교의 경전)은 신도들에게 "알라는 시간의 경이로움 때문에, 시간 안에서 좋고 나쁜 일과 건강과 병, 부유함과 가난함이 생겨나기 때문에, 시간의 가치와 소중함은 어떤 것으로도 측정할 수 없기에 시간을 뜻하는 'A r'로 맹세했다."라고 말했다. 또 일본의 신토^{Shinto}(조상과 자연을 섬기는 일본 종교)에서는 "시간은 화살처럼 날아간다."라고 간결하게 설명하기도 했다.

최고의 사치인 시간

나는 아인슈타인이 실제로 모든 것이 바로 일어나는 것처럼 느껴지는 세상을 봤으면 좋겠다. 수십 년 동안 기술 발전을 계획하며 성장한 세대에게 현대의 통합 기술, 과학자, 엔지니어, 돈, 유비쿼터스 컴퓨팅, 오픈 소스 코드, 값싼 하드웨어, 인내심이 약한 청중으로 구성된 하이퍼루프hyperloop(미국의 앨런 머스크가 제안한 신개념 고속철도)는 시간당 더 **빠르게 돌아가는 플라이휠**flywheel(기계나 엔진의 회전 속도에 안정감을 주기 위한 무거운 바퀴)과 마찬가지다. 수년 동안 나는 우리 팀에게 시간이 최고의 사치라고 말해 왔다.

앞에서 나는 화폐가 가장 대중적이며, 정보는 가장 강력하며, 충성도는 증폭 커런시라고 말했다. 그중 시간은 유일하게 한정적이라는 점에서 독특하다. 즉, 코란에 나와 있듯이 시간은 소중하다. 제프 베조스는 이것을 암암리에 알고 있으며, 나는 시간에 대한 그의 숭배가 아마존의 성공을 이끈 또 다른 주된 요인이라고 확신한다. 수십 년 동안 제프 베조스는 고객과 회사 모두의 목표 달성 시간을 단축하기 위해 가능한 한 모든 돈을 사업에 재투자했다. 이틀 내에 프라임 무료배송을 하고 두 시간 안에 프라임 나우 배송을 하며, 풀필먼트 센터의 키바Kiva 로봇은 사람이 가져다주는 대신, 로봇이 물품을 가져다준다. 풀필먼트 센터의 레이저가 장착된 수 마일의 컨베이어 벨트가 자동으로 시간당 수천 개의 택배를 분류하고, 아마존 고^{Amazon Go} 매장에는 계산대가 없어 나갈 때 자동으로 결제되며 전자책 단말기 킨들^{Kindle}은 500페이지 분량의 책을 8초 만에 다운로드한다. 인공지능 비서 알렉사는 기기를 찾아 질문을 입력하지 않아도 당신의 명령을 실행한다.

베조스는 주로 고객의 시간에 엄격한 사람으로 알려져 있다. 앞서 말했듯이 당신의 회사 내부에서 업무가 신속하게 이루어지지 않으면, 회사 밖에서도 빠르게 진행될 수 없다. 내가 아마존에 근무할 당시 인공지능 스피커인 아마존 에코^{Amazon Echo}의 출시일이 가까워지자 담당 엔지니어들이 에코의 처리능력과 정보 검색시간을 25밀리초까지 줄였다는 소문이 있었다. 인상적이지 않은가? 그러나 적어도 제프 베조스에게는 용납할 수 없는 시간이었다.

들리는 말에 의하면 베조스는 12밀리초의 목표를 설정하고 바꾸려 하지 않았다고 한다. 결국, 마지막에 가서 이들은 방법을 찾았다. 당신이 알렉사가 탑재된 기기와 시리^{Siri}를 지원 장치에 액세스할 경우, 똑같은 질문을 양쪽에 하고 스톱워치로 시간이 얼마나 차이가 나는지 재 보아라. 내 기록으로는 평균적으로 알렉사가 적어도 2배 빨리 명령을 실행하는 것으로 나타났다. 아마존에서는 매 밀리초

가 중요하며, 이것은 아마존의 스마트 스피커 시장 점유율
이 증명하고 있다.

《모든 것을 파는 상점: 제프 베조스와 아마존의 시대》
에서 브랜드 스톤은 고객 서비스 부문의 부사장인 빌 프라
이스^{Bill Price}가 참석한 임원 회의에서의 한 가지 일화를 소
개한다. 때는 아마존에서 '성수기'라고 하는 4분기 기간이
었고, 제프 베조스는 고객서비스센터의 대기 시간을 궁금
해했다. 매일 열리는 이 4분기 회의는 '전략 회의실'이라
는 별명이 붙었으며, 우리 광고 부서를 포함해 기업 내 모
든 직원이 회의를 한다. 이 회의에서 모든 업무를 평가하
는데, 데이터를 가져와 증명하거나 반대하거나 방어하거
나 변경하고 싶은 모든 것을 뒷받침해야 한다.

스톤의 말에 따르면, 프라이스 부사장은 자료를 가져오
지 않았다고 한다. 베조스가 일 년 중 가장 중요한 시기인
지금 고객서비스센터의 대기 시간이 얼마나 되느냐고 묻
자 프라이스는 1분 미만이라고 답했다. "정말요? 한번 봅
시다."라고 베조스가 물었다. 참석자 중 일부는 그 뒤의 4
분 30초가 끝없이 계속되는 것 같았다고 말했다. 스피커
폰에서는 흥겨운 캐롤이 흘러나오는 가운데 베조스는 분
노로 거의 얼굴이 새빨개졌다. 서비스 담당 직원이 마침내
연결되자, 그는 "확인 좀 해 보려고 전화했어요."라는 말

만 불쑥 내뱉고는 전화를 끊었다. 이후에 프라이스 부사장과 방 안에 있던 모든 사람에게 어떤 일이 일어났는지 상상할 수 있을 것이다. 베조스가 고객의 시간을 귀중하게 여긴다는 것은 생각할 필요도 없는 일이다.

중요성 면에서 시간은 가장 귀중한 브랜드 커런시다. 훌륭한 브랜드는 이것을 알고 내부적으로 민첩하게 문제를 처리하여 외부적으로 즉각적인 만족을 제공한다. 그렇다. 오늘날의 고객은 그 어느 때보다 인내심이 더 약하다. 혹시라도 고객이 바뀐다고 생각한다면, 안타깝게도 당신은 잘못 판단한 것이다. 현재 모든 사람과 기계뿐 아니라 센서가 내장된 모든 표면에서도 어제보다 더 빠르게 명령에 대한 데이터를 분석, 처리하고 있어 이러한 경향은 더욱 강화될 전망이다. 야생에서와 마찬가지로 브랜드 역시 느리면 제일 먼저 죽게 된다. 기업이 해야 할 첫 번째 일은 고객을 대신해 더 많은 시간을 확보하는 것이다.

14장
시간과 고객

"간결함을 위해서는 경솔함이 생명이다."

−엉클 밀트

    당신은 어떨지 모르겠지만, 지금까지 누구도 나에게 "죽음 축하합니다!"라고 인사하며 이를 기념해 파티를 열어준 적은 없었다. 우리는 매년 태어난 날을 축하하지만, 달력에는 우리가 지상의 험악한 굴레를 벗어던지고 가기까지 정확한 해를 나타내는 칸이 하나 있다. 이 신비스러운 날은 우리 마음 한편에서 오랜 세월을 통해 잊히며, 처음에는 조급함을, 긴 계산대 줄에서는 분노를, 마지막에는 분통을 터뜨리며 자신의 모습을 드러내 보인다. 죽음은 우리를 할퀴고, 조롱하고, 보통은 우리가 하지 않았을 일을 하도록 몰아붙인다. 시간을 보내면서 그날이 점점 다가오고 있는 것을 알며 사랑하는 사람을 한 명씩 잃을 때마다 마지못해 죽음을 마주한다. 우리는 한정된 시간을 기억하며 걷는다.

브랜드와의 모든 상호 작용에서 당신의 고객은 화폐, 정보, 충성도를 당신에게 이미 지불하고 있다. 하지만 시간도 지불하고 있을까? 온라인과 오프라인에서 고객은 자신들의 행복을 추구하며 여러 활동을 벌이지만 시간은 한정적이기 때문에 다른 커런시를 얻는 것처럼 시간을 얻을 수는 없다. 고객이 쓰는 것은 줄어들 수밖에 없으며 이들은 나방이 불꽃에 뛰어들듯 가격을 낮춘 모든 것에 자연스럽게 마음이 끌리는데, 정확히 자신들에게 얼마의 시간이 남아 있는지 모르기 때문이다. 이것이 죽는 것에 관해 셰익스피어가 《햄릿》에서 묘사한 "죽느냐, 사느냐"라고 말한 독백의 본질이다.

기억해라, 아인슈타인은 시간은 상대적이라고 말했다. 우리의 시간을 빼앗는 활동이 우리가 보내고 있는 시간을 길게도 느껴지게도, 짧게 느껴지게도 할 수 있는 것은 분명하다. 당신이 좋아하는 미식축구팀의 경기를 보는 3

시간은 교도소에서 종신형을 사는 사람이 보내는 3시간과 확실히 같지 않다. 두 경우 모두 똑같은 시간을 나타내지만, 시간을 경험하는 사람의 마음은 그렇지 않다. 당신이 재미있으면 시간은 쏜살같이 흘러가고, 스피커폰을 앞에 켜 놓은 베조스와 회의실에 함께 있다면 시간은 한없이 느리게 지나갈 것이다. 바로 이러한 이유로 훌륭한 광고는 폭발적인 반응을 일으키지만 형편없는 광고는 비난받거나 완전히 무시당하게 되는 것이다. 광고를 시청함으로써 TV 콘텐츠에 우리의 시간으로 돈을 지불해야 하지만, 기존의 이런 방식은 변화를 겪고 있다. 2017년 기준 사람들은 오락 프로그램의 45분 23초당 14분 37초의 광고를 자발적으로 시청했는데, 이는 2016년 대비 14퍼센트 감소한 수치다. 수년간 예측한 대로 아마존의 OTT 셋톱박스와 DVR은 기존 광고에 타격을 주기 시작했다.

사람들은 이 시간에 무엇을 하고 있을까? 물론 시간에 대한 인식이 바뀌는 온라인으로 이동할 것이다. 온라인에서 증가하고 있는 6초 분량의 광고가 이제는 SNS에서 수용되는 기준이 되었다. 순식간에 모든 것이 풍부한 화소로 바뀌는 세상에서 디지털은 시간을 확장한다. 얼마나 확장하는 걸까? 6초 분량의 온라인 광고 대 30초의 광고 시간으로 판단해 보면 5배가 증가하는 것처럼 보인다. 이것이 내가 인스타그램과 같은 SNS 활동을 하고 있으면, 광고가

TV에서보다 훨씬 더 성가시게 느껴지는 이유다. 온라인에서와 달리 TV에서는 광고가 나오면 핸드폰을 보거나 무언가를 먹으면서 광고를 무시할 수 있다. 종합해 보면 당신이 2015년에 발표된 마이크로소프트의 '집중력 범위 연구 보고서'를 신뢰한다면, 우리가 일에 집중할 수 있는 시간은 12초에서 8초로 감소하여, 금붕어의 9초보다 더 낮아졌다는 것을 알 수 있다.

나는 우리가 소비한 시간당 얻어야 하는 것의 기대치가 상승했다고 굳게 믿지만, 스테티스틱 브레인^{Statistic Brain}이라고 하는 또 다른 출처에서 숫자를 인용한 마이크로소프트 보고서와 관련해 브루셀 스프라우트^{Brussels Sprouts}에 전화를 해 봤다. BBC에서 사실 확인을 위해 스테티스틱 브레인에 연락을 시도했지만, 성공하지 못했다. 금붕어 부분은 헤드라인을 장식하기에는 좋은 소재지만, 정확한 증거가 없다면 이 말을 그대로 받아들이기는 어렵다. 내가 당신과 공유할 수 있는 것은 모든 주요 SNS 플랫폼이 자신들의 경험을 바탕으로 주된 메시지가 광고 시작 후 2초 이내에 전달되도록 브랜드와 에이전시에 권장하고 있다는 사실이다. 이 점이 내가 알아야 할 모든 것을 말해 주고 있다. TV와 달리 온라인 광고는 화면 전체를 가득 채우는 경우가 거의 없으며, 이는 고객의 관심이 페이지 내의 다른 곳으로 시선을 돌리거나 계속 스크롤하는 것을 의미한다. 온라인 광고에서 0.5퍼센트의 클릭률조차 얻기가 매우 힘든 이유가 여기에 있다. 디지털 환경에서 이미 줄어들 대로 줄어든 고객의 관심을 얻기 위한 경쟁은 매우 치열하다.

사용자를 보다 세밀하게 타기팅한 광고가 고객의 시간을 좀 더 공평하게 교환하는 것이라고 여기는 곳이 바로 아마존이다. 2018년 3월에 발표된 컴스코어^{Comscore} 조사에 따르면, 2017년 12월에 미국인들이 아마존 사이트에서 보낸 시간은 226억 분으로, 아마존을 제외한 다른 9곳의 대규모 전자상거래 사이트에서 보낸 총 166억 분보다 36퍼센트 더 높았다. 앞서 말했듯이 아마존에서는 고객의 구매와 검색 기록을 바탕으로 고객이 더 나은 결정을 내리는 데 도움을 주기 위해 맞춤화된 광고를 한다. 아마존 사이트에서 고객이 더 많은 시간을 보낼수록 아마존 시스템은 고객이 다음번에 무엇을 검색할지를 더 잘 알게 된다.

테크노미에서의 시간

베조스가 처음에 알았던 점은 정보를 활용해 고객의 시간과 돈을 절약하는 서비스가 충성도를 촉진할 것이라는 점이었다. 오프라인에서 직접 쇼핑하는 대신 온라인으로 비교하며 쇼핑할 때에 절약되는 시간을 생각해 보라. 업계 전문가들의 지적처럼 아마존과의 경쟁이 아닌, 제한된 시간에서 최대한의 것을 얻으려고 하는 고객의 타고난 욕망이 타 브랜드의 직접적인 전력 감소를 가져왔다.

로딩 속도뿐 아니라 반응도 느리고 디자인이 허술한 웹사이트를 생각해 보라. 사람의 편의를 중심으로 한 디자인의 중요성은 아무리 강조해도 지나치지 않다. 고객에 대한 진정한 공감을 가진 훌륭한 사용자 경험^{UX} 디자이너들이 사이트에서 그들의 능력을 발휘할 가치가 있으며, 사이트는 시간 단위당 고객이 받는 정보의 유용성을 기준으로 평가되므로 맞춤형 서비스가 큰 중요성을 갖게 된다.

디지털 환경은 당신과 당신의 기록을 보다 효과적으로 인식할 뿐 아니라 다음 행동을 예측해 시간을 크게 절약해 준다. 다섯 번의 결과에서 한 번만 정확히 맞혔다 하더라도 여전히 시간이 절약된 셈이다. 머신러닝 덕분에 방문이 증가할수록 고객의 다음번 클릭이나 타이핑을 정확히 예측할 확률이 커진다. 또 일관된 온라인 혹은 오프라인 제품을 제공하는 사이트는 고객의 시간을 절약해 다른 곳에 쓸 수 있게 한다. 예를 들면, 어떤 사람은 제이크루$^{J.Crew}$ 옷이 자신에게 아주 잘 맞는다는 것을 알고 있어 매장을 직접 방문해 옷을 입어 볼 필요가 없다. 또 1분 안에 이 사이트에서 볼일을 마칠 수 있기에 앞으로도 이 사이트를 계속해서 이용할 것이다. 잘 만들어진 일관된 제품 및 경험은 효과적인 렌터카 사무소의 '엘리트 회원' 카운터나 공항의 TSA 사전체크인 창구의 역할을 한다.

고객 서비스에 도입될 인공지능은 고객의 시간을 절약하는 데 아주 놀라운 일을 할 것이다. 우리는 이미 챗봇과 몇 가지의 음성 지원 서비스를 사용하지만, 이러한 서비스는 아직 인간을 완전히 대신할 만큼 빠르거나 종합적인 사고력을 가지고 있지 않다. 그때까지는 녹음된 음성이 우리에게 15분마다 전화가 얼마나 중요한지 알려주는 무자크 ^{Muzak}(공공장소와 대기 중인 전화에서 배경 음악처럼 내보내는 녹음된 음악)와 그 뒤의 안내방송을 꼼짝없이 듣고 있어야 한다.

평생 동안 보통의 미국인들이 대기하면서 보내는 시간이 얼마나 될지 맞혀 보라. 모바일 광고 분석업체인 마첵스 ^{Marchex}에 따르면, 무려 43일이라고 한다. 하지만 우리의 음성 지원 스피커에 대기 시간이 없는 주문형 고객센터 기술을 탑재하기까지는 그리 오랜 시간이 걸리지 않을 것이다. 그러면 이 기술은 조랑말 속달 우편을 이용하던 시대에 등장한 전신과 같아진다. 질문을 말하면 클라우드 기반의 인덱스를 검색해 밀리초 내에 정확하게 답변해 고객의 시간과 브랜드의 돈을 절약하고, 즉각적인 정보의 힘을 통해 브랜드에 더 높은 충성도와 수익을 안겨 줄 것이다.

시장을 크게 혁신한 사례로 디트로이트에 본사를 둔 퀴큰 론즈^{Quicken Loans}의 로켓 모기지^{Rocket Mortgage}를 참고할 수 있다. 자동화와 디자인 씽킹^{Design Thinking}(디자인 과정에서 활용하는 창의적인 전략)을 활용한 이 애플리케이션은 힘들게 3통씩 작성한 서류 뭉치를 은행 직원에게 팩스로 전송하는 대신 스마트폰으로 10분 만에 승인을 받는 간단한 질의응답 과정으로 주택담보대출을 혁신했다. 로켓 모기지와 같은 혁신을 통해 퀴큰 론즈는 웰스 파고^{Wells Fargo}와 뱅크 오브 아메리카^{Bank of America}와 같은 거대 기업들을 제치고 미국 내 모기지 대출의 6퍼센트를 기록하며 1위 자리를 차지했다. 퀴큰 론즈는 2017년 4분기에만 250억 달러 상당의 대출을 실행했다. 설립자 댄 길버트^{Dan Gilbert}는 IT 전문 매체 테크크런치^{TechCrunch}에서 고객의 시간을 절약하는 것이 핵심이라고 강조하며 애플이 단말기 산업에서 한 일을 모기지 분야에서 할 것이라고 말했다.

빠른 판매

고객의 시간 절약은 아마존의 성공 요인 중 하나다. 프라임 이틀 배송과 프라임 나우 2시간 배송 외에 아마존은 선택 역시 궁극적인 시간 절약 요소로 여긴다. 고객이 한 곳에서 모든 것을 찾을 수 있으면 자신의 욕구를 충족시키는 데 필요한 시간을 크게 줄이게 된다.

베조스는 다음과 같은 말을 한 적이 있다. "나는 '향후 10년 이내에 어떤 변화가 생길 것인가?'라는 질문을 종종 받는다. 하지만 '앞으로 10년 후에도 변하지 않는 것은 무엇인가?'라는 질문은 거의 받아 본 적이 없다. 나는 이 두 질문 중에 두 번째 질문이 사실상 더 중요하다는 말을 하고 싶다. 시간이 지나도 변하지 않을 것을 기반으로 당신이 비즈니스 전략을 세울 수 있기 때문이다. 유통업과 관련해서 우리는 고객이 낮은 가격을 원한다는 것을 알고 있고, 이것은 10년이 지나도 변함없는 사실일 것이다. 고객은 빠른 배송을 원하고 다양한 선택을 하고 싶어 한다. 지금으로부터 10년 후에 고객이 다가와 '제프, 저는 아마존이 아주 좋아요. 하지만 가격을 조금 올렸으면 좋겠어요.' 혹은 '저는 정말 아마존이 좋아요, 그런데 배송을 좀 더 늦게 해 주기를 바라요.'라고 말하는 일은 상상하기 불가능하다."

나는 사람들이 아마존에서 쇼핑하는 이유가 낮은 가격이 아니라 빠른 배송 때문이라고 말하는 것을 수도 없이 들었다. 고객의 시간을 절약하는 것이 궁극적인 존중의 표시고, 이것이 고객의 충성도와 최고의 '기쁨을 동반한 충성도'를 얻기까지의 여정을 단축시키는 방법이다. 창업 후 몇 년 안에 빠르게 성공하기를 바라는 스타트업은 고객의 시간을 절약하는 방법에 주의를 기울이고, 이것을 가장 중요한 목표로 설정해야 한다. 이것이 정확히 아마존이 책에서 시작해 모든 것을 파는 유통업체로 발전해 가면서 사용한 방법이었고, 33년 된 모기지 업체가 166년의 역사를 자랑하는 은행을 크게 앞지른 비결이었다. 벤 프랭클린^{Ben Franklin}이 1789년에 말한 대로 "이 세상에서 죽음과 세금을 제외하고는 어떤 것도 확실히 말할 수 있는 것은 없다." 언젠가는 우리가 매우 느렸다는 것을 알게 될 것이다. 고객의 시간을 당신 자신의 시간처럼 의식적으로 다루는 것이 브랜드를 성공으로 이끄는 가장 빠른 방법이다.

15장

시간과 브랜드

"당신이 빠르다면, 천재이거나 운이 좋은 것이고,
이 둘 다 이로운 특성이다. 느린 사람은 쉽게 잊혀진다."

—엉클 밀트

우리는 고객이 많은 시간을 기다리는 데에 보내는 것을
안다. 브랜드 소유주도 이와 같은 시간이 있을까? 베인앤
컴퍼니^{Bain & Company}가 2014년에 실시한 연구에 따르면, 임
원들은 근무일 5일 중 평균 이틀을 회의하는 데 보내는 것
으로 나타났다. 2017년 〈하버드 비즈니스 리뷰〉는 10년
전 〈MIT 슬론 매니지먼트 리뷰^{MIT Sloan Management Review}〉의
조사를 인용하여 지난 50년간 회의 시간과 횟수가 모두 증

가해 1960년대에 주당 10시간 미만에서 평균 23시간 가까이 늘어나며 130퍼센트의 증가율을 보였다고 밝혔다. 게다가 이 통계는 회의 준비와 이후 보고에 소요되는 시간은 고려되지도 않은 것이다.

미국인들이 매일 얼마나 많은 회의에 참석하고 이러한 회의에 얼마나 많은 비용이 소모되는지에 대해 여러 다른 시각이 있다. 미국 노동통계국은 오늘날의 기업 문화와 관련한 최신 통계 자료를 보유하고 있지 않지만, 2017년 비즈니스 전문 잡지 〈인크^{Inc.}〉에 따르면, "미국에서는 매일 3,600만에서 5,600만 번의 회의가 열리고 비효율적인 회의로 인해 발생한 생산성 손실은 매년 700억 달러에서 2,830억 달러 사이에 이른다."라고 한다. 이보다 앞선 〈인크〉 기사에서는 온라인 협업 및 프로젝트 매니지먼트 회사인 라이크^{Wrike}의 조사에 응답한 1,400명의 전문가의 말을 이렇게 인용하고 있다. "다음 행동 사항이 무엇인지 알고 회의를 떠나는지 묻는 질문에 54퍼센트만이 '네'라고 답했다. 그 밖의 다른 사람들은 '가끔 그렇다'와 '거의 모른다', '전혀 모른다'라고 답했다."

이 모든 것에 대한 비용을 누가 지불하는 걸까? 물론 고객이다. 만약 당신의 일이 잘못될 경우, 회의 책임자가 어떠한 책임도 지지 않기 위해 모든 사람을 회의에 소집한다면 당신의 영업비용은 실속 없고 허풍만 가득한 거품일 것이다. 이러한 문화는 브랜드 커런시 규칙을 파괴한다. 사람들이 다른 사람들의 시간을 절약하지 않으면 브랜드는 진부한 스토리와 비용에 대해 말하기 시작한다. 기업의 이러한 변화는 회의실 벽을 통과해 높은 가격과 긴 반응 시간, 혁신 감소의 형태로 외부 세계로 흘러나와 고객을 실망시키게 된다.

6장에서 직원 채용에 대한 방식을 논의하는 경우 '우리는 효율성을 경영한다.'란 말을 아마존에서 흔히 한다고 언급했다. 문제를 제기할 수 있는 여러 직급의 직원이 없으면, 많은 사람이 참여하지 않는 것만으로 회의 시간이 절약된다. 매년 회의에 낭비되는 700~2,830억 달러로 당신이 무엇을 할 수 있는지 상상해 보라. 오해하지 말기 바란다. 효율적인 회사도 있고, 뼈대만 남은 회사도 있다. 나는 모든 사람이 완전히 지쳐 그만두면서 수백만 달러에 달하는 조직의 지식과 투자가 갑자기 사라져 버리는, 최소한의 인력으로 운영되는 회사를 옹호하는 것이 아니다. 내가 말하고 싶은 것은 너무 많은 사람이 있으면 승인이나 제품 배송과 같은 중요한 결정을 실행하는 데에 시간이 필요 이상으로 오래 걸린다는 것이다.

베조스는 이 문제 해결을 위해 '두 판의 피자 팀' 규칙을 도입한 것으로 유명하다. 해결책을 찾기 위해 협력하는 모든 그룹이 피자 두 판을 함께 먹기에 모자랄 정도로 인원이 많아서는 안 된다는 것을 규정했다.

임무를 수행하는 팀이 가령, 6명 이하일 경우 의사소통이 향상되고 속도가 빨라진다. 이 점을 증명하기 위해 5명으로 된 팀을 구성하고 개별 참여자 간에 만들 수 있는 최대한 일대일 조합을 계산해 보라. 각 구성원당 4번의 조합을 만들면 20번의 일대일 의사소통 채널을 만들게 된다. 10명의 그룹으로 크기를 두 배로 늘리면 일대일 소통은 90회로 4배 이상 증가한다. 기계에서와 마찬가지로 시스템에 움직이는 부품이 더 많을수록 망가질 확률은 그만큼 더 커진다.

당신이 조촐한 저녁 파티를 열 때와 성대한 결혼피로연의 신부일 때에 어느 쪽에서 더 의미 있는 대화를 나눌 수 있을 것으로 생각하는가? 효율적인 운영은 비용이 덜 들고, 더 민첩하다. 또 점점 더 많은 목소리가 회의실에 울려 퍼지면서 낮은 직급이나 내성적인 구성원을 밀어내 회의에 참여하지 않는 일과 '수적 안전'에서 생겨나는 지나친 자신감도 막아준다. 이것은 해결책을 협력해서 얻어내기 위해 구성된 모든 그룹이 피자 두 판이 부족할 정도로 인원이 많아서는 안 된다는 것을 나타낸다.

미국 직원들이 하는 것만큼 서로의 말을 듣는 것은 고객에게 쓸 시간과 실제 일하는 시간을 크게 낭비하는 것이다. 앞서 말한 '언제나 가동 중인 혁신 사이클'은 촉박한 마감일을 맞춰야 하는 특별한 제약이 없는 이런 소규모 팀을 기반으로 한다. 모든 직원에게는 목표와 프로그램이 있어 아마존에서 당신이 만나는 거의 모든 사람은 중요하지 않은 전화 회의에 참석할 수 없다는 양해를 구할 것이다. 나와 수백 개의 팀이 매일 아침 참여한 회의는 '스크럼scrums'이라고 하는 회의였다. 이것은 소프트웨어 개발에서 매우 인기 있는 애자일Agile(프로그래밍에 집중한 유연한 개발 방식) 방식으로 프로젝트 매니저와 모든 팀 구성원이 함께 모여 그들의 '단기 전략' 또는 점진적 반복 작업 순서에서 어느 지점에 있는지를 논의할 때 하는 회의다. 일반적으로 15분을 넘지 않은 이 짧은 회의는 하루 동안 내가 참여하는 대부분의 다른 회의보다 더 생산적이었다.

팀과 시간

대부분의 브랜드 소유주들이 시간을 보내는 방법을 재평가할 수 있는 또 다른 분야는 고용이다. 2장에서 나는 기준을 높이는 일과 모든 신규 채용이 조직의 기존 평균

인력보다 더 우수하도록 보장하는 관행이 팀과 더 나아가 회사 전체의 실적을 어떻게 계속해서 끌어올리는지를 설명했다. 이것을 제대로 실행하려면 많은 시간이 걸리지만, 여기에는 그럴 만한 명백한 이유가 있다. 당신이 일하는 직장의 면접 과정을 생각해 보라. 면접 질문에 영향을 미치고 면접자의 적합성을 평가하는 데 사용되는 가치관과 원칙이 있는가? 아니면 채용이 단순히 인기 투표로 이루어지는가? 보고를 듣는 시간이 있고, 대화는 어떠한 방식으로든 관심을 끄는가? 회사의 현재와 브랜드의 미래에 관해 충분한 시간을 들여 논의하는가?

확실히 답하지 못한다면 대답은 '아니오'다. 그렇다고 이러한 일을 가능한 한 빨리 실행할 수 없는 것은 아니다. 핵심 리더십 원칙이 없는가? 그렇다면 내일 당장 프로그램을 시작해 회사 차원에서 먼저 이러한 프로세스를 생성하고 그런 다음 부서별로 작성해 보라. 인터뷰 질문 목록이 없는가? 이것 역시 만들어라. 당연히 인사과가 지원할 수 있고, 당신이 솔선수범하며 옆에서 이것을 실행하도록 도울 수 있다. 이러한 기업의 자산은 업무를 간소화하고 모든 비즈니스의 가장 중요한 측면 중 하나인 채용에 걸리는 시간을 절약해 줄 것이다.

이와 관련하여 당신의 조직은 고객 경험을 검토하고 문제점을 솔직하게 논의하는 데 얼마나 많은 시간을 할애하고 있는가? 매주 우리는 아마존을 전반적으로 둘러보고, 고객이 경험하는 실제 환경과 똑같이 우리 팀이 구축한 브랜드 경험을 겪은 후에 '매장을 방문하라Walk the Store'라는 세션을 가진다. 이것은 베조스가 고객센터의 대기 시간을 알아보기 위해 실제 전화를 한 것과 다르지 않다. 우리는 모두 각자 발견한 스크린숏을 가지고 회의에 참석해 그룹에서 개선할 수 있는 사항에 관해 논의한다. 이 회의는 비난이나 망신을 주기 위한 시간이 아니라, 실제로 보기 전까지 문제로 인식하지 못했던 사항을 발견하는 데 초점을 맞추고 있다. 가령 비디오게임 패키지의 미래형 총이 기저귀 광고의 아기 머리를 겨누는 것처럼 상황에 따라 두 개의 광고 유닛이 병치될 때 생기는 문제 등을 발견할 수 있다. 겸손하고 고객을 중시하는 사람들로 구성된 조직은 이러한 문제를 심각하게 받아들이며, 60분간의 이 세션은 생산적이고 고객 우선주의를 실천하는 노력이다.

상황을 진정시켜라

고객이 당신에게 제안하기 전에 당신 스스로 서비스를 개선하는 편이 훨씬 낫다. 8장에서 나는 고객 만족에 관한 업계 표준 평가인 NPS에 관해 논의했다. 2018년에는 고객 경험 조사기관 템킨 그룹[Temkin Group]이 미국 소비자 1만 명의 설문 조사에 기반해 20개 산업의 340개가 넘는 기업의 NPS를 분석했다. 점수 범위는 -20에서 80까지의 100점 범위이며, 65점을 얻은 USAA[United Services Automobile Association]가 2년 연속 전체 조사에서 선두를 기록했다(USAA의 경쟁자인 NFCU(해군연방신용조합)은 보험 업계 부문에서 근소한 차이로 2위를 했다). 군 장병과 그 가족을 대상으로 서비스를 제공하는 USAA는 고객 충성도의 전형을 보여주는 기업이다. 이와 반대로 최하위를 기록한 부문은 TV/인터넷 업체로, 업계 평균 0점에서 최고 19점부터 최하 -16점까지의 점수를 기록했다. 최하 점수인 -16점을 받은 유일한 기업은 컴캐스트[Comcast]로, 여러 논란 가운데 2015년 고객센터 통화에서 화를 낸 두 명의 고객 앞으로 '엄청 심술궂은 바우어[Bauer]'와 '멍청한 브라운[Brown]'이라는 이름으로 청구서를 발송해 뉴스거리가 되었다.

컴캐스트는 미국에서 가장 미움을 받는 회사로서의 오명을 한동안 벗지 못할 것 같다. 불만스러워하는 고객의 탈퇴 요청을 거부하고, 대기 시간이 한없이 긴 고객센터에 대한 투자를 아끼는 일은 결국 브랜드를 사라지게 하는 데 일조한다. 계속해서 하위권을 차지한 또 다른 기업인 타임 워너 케이블[Time Warner Cable]은 한 세대 동안의 끔찍한 브랜드 가치를 회복하기를 바라며 1년 동안 상당한 돈을 투자해 스펙트럼^{Spectrum}이라는 이름으로 브랜드의 이미지를 쇄신해야만 했다. 실제로 당신의 제품과 고객 경험에 대한 엄정한 평가를 내리는 시간은 중요하다.

런던 지식

올바르게 시간을 사용한 브랜드는 고객과 강한 유대를 형성한다. 결국, 충성도는 시간이 지나면서 생기는 헌신의 정도에 불과하다. 이 사실을 증명하기 위해 처음에는 이상하게 보일 수 있는 비유를 사용하려고 한다. 하지만 잘 들어보라. 런던에 살 때 나는 '지식'의 전설에 관해 알게 되었다. '런던 지식'은 묘하게 아름다운 블랙캡과 이층버스가 런던의 거리를 대표하기 훨씬 전인 1865년에 런던교통공사^{Transport for London, TfL}가 교통 시스템에서 가장 심층적인 훈련 프로그램에 부여한 이름이다.

그 이후로 런던의 주요 도로가 거의 바뀌지 않았기 때문에 '지식' 역시 크게 업데이트되지 않았다. '지식 소년, 소녀들'로 알려진 후보자는 4년 이상을 런던 중심부의 채링크로스에서 반경 약 9.7킬로미터 이내에 있는 모든 도로와 자갈길을 공부하는 데 보낸다. '지식' 습득 기간에 이 소년과 소녀들은 모든 날씨와 교통 상황에서 약 32,190킬로미터를 모페드^{moped}(모터가 달린 자전거)를 타고 이동한다. 모페드 핸들에 부착된 클립보드로 그들을 쉽게 알아볼 수 있다.

나는 그들에게 다가가서 "할 수 있어, 친구!"라고 응원하는 것을 좋아했다. 나의 응원에 이들은 크게 숨을 내쉬며 '모르겠어, 친구'라고 말하듯 눈을 크게 뜨고 고개를 가로젓곤 했다.

실내에서 그들은 호텔과 기차역, 병원, 예배당, 최고급 레스토랑, 콘서트홀, 영화관 등 런던의 2만 5천 개의 얽히고설킨 거리에 있는 수천 개의 '인기 있는 명소' 간의 가장 빠른 경로를 알아내기 위해 수없이 많은 시간을 합판 벽에 붙은 거대한 지도에 선을 그리며 보낸다. 이 기간 동안 그들은 '도착'이라고 하는 시험을 보게 되고, 이들과 대화를 통해 알아낸 바에 따르면 이 시험에는 약 15개의 과정이 있다. 이 시험에서 후보자들은 모든 두 지점 사이의 가장 효율적인 경로를 상세하게 서술해야 한다. 한 강사는 무작위로 선정하는 것을 강조하기 위해 지도에 다트를 2개 던지기도 했다고 한다. 이 테스트는 모든 면에서 가공할 만했고, 시험관이 그들이 충분한 지식을 갖추고 실제 운전대를 잡을 수 있을 때까지 이들은 두려움 속에 결과를 기다린다.

내가 이 자랑스러운 사람들을 '시간'을 설명하는 장에서 인용하고 있는 데는 이유가 있다. 이들에게 세계적인 대도시에서 택시를 운전하는 일이 어떤 기분인지를 물을 때마다 이들은 운전하는 내내 이 일을 얼마나 좋아하는지에 대해 거침없이 얘기를 쏟아낸다. 내 말은, 이들은 정말로 자신의 일을 사랑한다는 것이다. '지식'을 배우기 위해 그 많은 시간을 투자했으니 이 일 말고는 어떤 일도 하지 않을 겁니다."라고 나에게 말한 사람도 있다. "복권에 당첨돼도 이 일을 계속할 거예요. 야간 교대는 빼고요." 그가 한 말 중에 '그 많은 시간을 투자했으니'라는 부분에 주목해라. 많은 시간과 힘든 노력이 합쳐져 무언가에 대한 자부심과 진정한 사랑을 낳았다. 이 경우에는 직업이 그렇다. 이 경험이 그들을 직업적으로 변화시켰을 뿐 아니라, 정신적으로도 변화를 가져온 것 같다. 게다가 이 모든 일이 GPS와 위성항법을 이용하는 시대에 이루어진 일이라는 것도 주목할 만하다(경고: 이들이 독설 세례를 퍼붓는 것을 듣지 않으려면 이들에게 절대 우버 얘기를 꺼내서는 안 된다).

'지식'의 교훈은 보통 사람들이 시간을 들이면 어떤 것에든 사랑에 빠지는 법을 배울 수 있다는 점이다. 이것이 우리가 삶에서 특정한 자격을 얻기 위해 노력하며 보냈던 고등학교나 대학, 군대 시절을 아쉬운 마음으로 되돌아보는 이유다. 이런 노력을 통해 원하는 바를 이루면 우리는 영원히 바뀌고, 대개 목표를 향해 노력했던 시간을 무엇과도 바꾸려고 하지 않는다. 확실히 '런던 지식'은 복잡한 주제를 대상으로 많은 시간을 쏟아부은 극단적인 예다. 여러 연구에서 런던의 택시 운전사의 해마, 즉 뇌의 공간 기억과 조종 등을 담당하는 영역이 일반인보다 더 큰 것으로 조사되었다. 고객과 관련해 당신 자신에게 물어보라. 당신 브랜드의 해마는 얼마나 큰가? 지식 소년, 소녀들이 거대하고 복잡한 런던 지도를 익힌 것처럼 당신은 얼마나 많은 시간을 고객에 관한 세세한 정보를 배우는 데 쓰고 있는가?

나의 시간, 당신의 시간

결과를 얻기 위해 시간을 투자하지 않고도 브랜드가 시간을 '얻을' 수 있다는 얘기로 마무리하고 싶다. 미디어의 관심이 대표적인 예다. 브랜드 홍보자와 언론이 서로 메시지를 공유하면 새로운 고객을 얻고 기존 고객에게 브랜드 스토리를 전하기 위해 투자한 돈과 시간의 효과를 증폭시킨다. 작업 흐름의 효율성도 중요하다. 이것은 아마존에서 내가 팀원에 제시한 '혁신하고, 반복하며, 자동화한다.'라는 모토로 구체화된다. 협업 도구는 내가 아마존에 근무하는 동안 매우 중시되며 수많은 프로그램의 목표가 되었고, 보다 많은 사람이 문제를 더 쉽고 빠르게 해결할 수 있게 했다. 브랜드가 시간을 되돌릴 수 있는 또 다른 좋은 방법은 지식재산권을 획득하는 일이다. 만약 당신에게 구입할 수단이 있고 고객이 이것을 합리적이라고 생각한다면, 왜 키바Kiva를 구입해 활용할 수 있는데 자사의 풀필먼트 로봇을 개발하는 데 수십 년을 소비하는가?

당신의 사업 분야가 무엇이든, 당신이 시간을 절약하면 고객이 시간을 절약하게 된다. 인간의 마음은 본래부터 카운트다운을 억누르려는 욕구가 있기 때문에 고객은 결정 과정을 거치지 않고 자연스럽게 당신의 제안에 끌리게 된다. 1955년 복부대동맥 파열로 숨진 알버트 아인슈타인은 우리에게 시간은 상대적이라는 것을 가르쳐 주었다. 10대 소년과 호스피스 병동에 있는 여성에게 오늘이 그들에게 어떤 의미인지를 물어보면 알 수 있을 것이다. 암울한 얘기를 하는 것 같지만, 우리 모두에게는 조금씩 죽음의 날이 다가오고 있는 것이 사실이다. 우리는 이 사실을 알지만, 이를 잊기 위해 매일 부질없는 일에 많은 노력을 하며 살아가는지도 모른다. 만약 비즈니스를 고객을 위해 시간을 절약하는 타임머신처럼 여긴다면, 당신의 브랜드는 우리보다 오래 살게 될 것이다.

나
가
며

"욕망과 결핍은 인간이 끊임없이 느끼는 감정이다.
위대한 브랜드는 이 두 가지를 교묘하게 상기시킨다."
　　　　　　　　　　　　　　　　　　　　－엉클 밀트

　이제 모든 이야기를 마쳤다. 화폐, 정보, 충성도, 시간
은 현명한 사람이 생존하고 궁극적으로 번영하기 위해 활
용하는 주된 네 요소다. 이 네 가지는 제국과 국가, 가족,
기업, 그렇다. 브랜드가 성장하고 몰락하는 원인이 되었
다. 이것으로 전쟁이 시작되고, 서로 화해를 구한다. 또한,
기쁨과 절망, 행복, 결핍에도 기여한다. 이것들은 삶의 고
통을 낳는 내적이면서 외적인 동기다. 게다가 이 네 가지

는 어쨌든 당신의 삶에서 사라지지 않을 것이 분명하다.

또한, 이 네 가지 브랜드 커런시는 25년도 채 안 되는 기간에 아마존이 재계를 깜짝 놀라게 할 수 있었던 이유이기도 하다. 아마존이 이 네 요소를 어떻게 지키고 일상생활에 통합시켰는지에 관한 통찰이 당신이 아마존을 새로운 시각으로 바라볼 뿐 아니라 당신의 사업에 적용해 브랜드를 키워가며, 우수한 브랜드로 성장시키는 데에도 도움이 될 수 있기를 바란다. 리더십 원칙, 목표, 프로그램, 장단기 계획, 빠른 실패, 데이1, 빈 의자, 기준 높이기, 안돈 코드, 고객을 우선하는 겸손 등의 철학을 당신의 일상 업무에 적용해 보라. 하룻밤 사이에 바뀌지 않겠지만, 혁신적인 결과를 얻게 될 것이다. 스스로와 당신 주변의 사람들에게 도전하라. 아마존과 같은 기업이 되어라. 그러면 다른 기업이 따를 것이다. 성공한 사람을 따르는 것은 기업의 DNA에 새겨져 있으므로 사람들은 당신을 따르고 싶어 할 것이다.

이 책을 쓰려고 자리에 앉자 나는 어디서부터 시작해야 할지 어려웠다. 이런 느낌은 내가 아마존에서 이끈 모든 프로그램을 시작할 때마다 항상 느끼던 것이기 때문에 크게 낯설지 않았다. 시간이 지나면서 이것이 대담한 생각을 하게 될 때 느끼는 감정이라는 것을 알았고, 고객을 항상 중심에 놓고 생각하다 보면 결국에는 모든 일이 잘 해결되었다. 나는 많은 정보와 새로운 아이디어를 수집하며 벽과 테이블 다리에 이리저리 부딪히다 이내 확 트인 공간에서 자유로워지는 로봇 진공청소기와 같았다. 무엇보다 당신이 실패할 것이란 사실을 명심해라. 아이디어가 크면 클수록 더 큰 실패가 기다리고 있다.

토마스 에디슨은 10,000개가 넘는 프로토타입을 만든 끝에 상업적으로 판매할 수 있는 전구를 발명했고, 이에 대해 에디슨은 자랑스럽게 "저는 10,000번 실패한 것이 아닙니다. 저는 한 번도 실패하지 않았습니다. 제가 실험한 10,000가지의 방식이 효과가 없었다는 것을 증명하는 데 성공했을 뿐입니다. 효과적이지 않은 방식을 하나씩 지워가면서 효과적인 방식을 찾게 됩니다."라고 말했다. 당신은 미국 역사에서 가장 많은 발명품을 만들어 낸 에디슨만큼 똑똑하고 인내심이 강한가? 그럴 수도 있고, 그렇지 않을 수도 있다. 어느 쪽이든, 일단 시작해라. 일반적으로 사업 실패는 엄청난 타격이 된다. 실패를 받아들이고, 웃어넘기며, 함께 공유해라. 하지만 똑같은 실패를 두 번 반복해서는 안 된다. 그것은 가장 중요한 브랜드 커런시인 시간을 낭비하는 일일 뿐이다.

아마존을 주제로 한 이 책을 미화하지는 말자. 아마존은 완벽하지 않다. 아마존은 우리와 같은 결점이 있는 수십만 명의 사람들이 모여 있는 곳일 뿐이다. 하지만 당신이 조카에게 선물할 스케이트가 들어 있는 상자가 직접 쇼핑을 하러 갔을 때보다 더 빨리, 그리고 더 저렴한 가격에 문 앞에 도착해 있으면 완벽하다고 느낄 수 있다. 세상의 어떤 조직도 결점이 없는 곳은 없지만, 그렇다고 해서 탁월함을 이루려는 노력을 시도해 볼 수 없는 것은 아니다.

아마존의 성공은 우연이 아니다. 1994년의 계획으로 거의 확실시되었던 일이다. 베조스는 D.E. 쇼우에 근무하면서 큰 야망에는 체계가 필요하고 그렇지 않으면 직원들이 빠르게 지쳐 떨어져 나가는 무분별한 성장주의에 빠질 수 있다는 것을 알았다. '고객'을 뜻하는 또 다른 단어인 데이터는 이러한 프레임워크를 제공한다. 가능한 한 많은 데이터를 모으고 이것을 더 나은 결정을 내리는 데 활용해라. 25년 경력의 전문 광고기획자로서 나는 데이터를 등한시하며 일을 시작했다. '데이터는 따분한 컴퓨터 괴짜에게나 필요한 거야.'라고 생각했다. 또 '숫자는 분석가와 제품 개발자들에게나 필요하고, 진정으로 창조적인 사람은 직감과 경험에 의존한다.'라는 터무니없는 생각을 하기도 했다. 직감은 경험으로 형성되고, 숫자는 어디에 형편없는 것이 쌓여 있는지를 보여주고 이를 피할 수 있게 하기 때문에 귀중한 매개변수를 제공할 수 있다. 가장 강력한 브랜드 커런시인 정보는 모든 논쟁에서 이기고, 모든 승부를 결정지으며, 충성도를 유도하고, 우리 모두의 시간과 돈을 절약해 준다.

1996년 디지털에 집중하기 위해 기존 광고 대행 분야를 떠날 무렵, 그때까지 내가 데이터에 선천적으로 끌린다는 것을 몰랐다. 사람들은 오랜 경력을 쌓아 온 TV와 잡지 광고를 그만두는 것을 미친 짓이라고 말했고, 나는 그들이 미쳤다고 말했다. "좋든 싫든, 세상은 지금 디지털로 변해가고 있어. 당신의 일이 실제로 효과가 있는지 어떻게 알 수 있지?" 그들은 이 질문에 답하지 못했고, 지금도 마찬가지다. 오프라인 어트리뷰션 모델은 고상한 가정을 바탕으로 만들어지며, 우리가 실제로 실행해 보기 전까지 거의 그대로 유지된다. 디지털 TV의 성장이 이러한 차이를 줄이는 데 도움이 되고 있지만, 실외와 인쇄 등의 미디어는 아직 갈 길이 멀다.

몇 년이 지난 2012년 내가 디지털 에이전시를 떠나 아마존으로 이직할 당시 그들은 노골적으로 또다시 내 결정을 의아해했다. 그때 나는 데이터가 내가 목표로 할 분야라는 것을 충분히 인식하고 있었다. 그렇다면 아마존보다 더 적합한 곳이 또 어디 있었겠는가? 아마존을 통해 당신이 얼마나 훌륭한지 금방 알게 될 것이다. 1분에 수백만의 페이지뷰를 제공하는 회사에서 기업의 광고와 약속이 고객에게 어떤 반향을 일으키는지(또는 일으키지 않는지)를 정확하게 파악할 수 있기 때문이다.

데이터가 넘쳐나는 환경에서는 매 순간순간을 기반으로 일을 처리할 수밖에 없다. 이것이 때로는 소모적으로 느껴질 수도 있다. 한 팀이 수개월을 투자해 브랜드 경험을 만드는 것을 흥미진진하게 지켜보다 고객으로부터 탐탁지 않은 반응을 얻는 것을 보는 것은 결코 유쾌한 일이 아니다. 누구도 거절당하는 것을 좋아하지 않는다. 특히 대형 광고주가 돈을 지불할 때는 더욱 그렇다. 그러나 이러한 과정을 통해 적어도 어떤 지점을 공략하고 어떤 문제를 바로잡아야 할지에 관해 좌표를 얻는다. 우리는 제대로 할 때까지 다시 시도하고 반복하곤 했다. 아마존 입사 초기에는 "지난번에는 효과가 없었어."란 말을 입에 달고 살았지만, 실패를 용인하는 아마존에서 생긴 일이었기에 부끄러움을 느끼지 않았다. 아마존은 항상 '데이1'이다. 게다가 많은 실수를 하고 난 후에 당신의 근육 기억과 창조적 반사 작용이 날카로워지면서 업무 능력이 향상되는 긍정적인 효과도 있다.

물론 데이터 수집과 분석으로 뒷받침되는 목표와 프로그램이 없다면 위의 모든 것은 희망사항에 불과할 수 있다. 매주 지도부에서 검토하는 개개인 노력의 결과물은 아마존 구성원이 건전하지 못한 습관, 혹은 게으름에 빠지는 것을 막아준다. 직업이나 그 밖의 다른 영역에서 목표가 없다면, 지금 당장 목표를 작성하는 것부터 시작해라. 목표를 가지고 있는가? 그렇다면 그 목표를 프로그램으로 만들어 네 가지 브랜드 커런시와 연결해라. 이 목표를 여러 커런시 항목과 결합해 프로그램의 효과를 높여라. 프로그램을 실행하고 동료와 가족에까지 알려 계속해서 실행할 수 있도록 해라. 어떠한 불이익 없이 고객을 대신해 빠르게 실패하고, 실패의 원인을 파악해 당신의 동료가 같은 실수를 반복하지 않도록 이들에게 알려라. 데이터를 수집하여 당신의 행동과 실적을 실제 자료로 확인할 수 있게 해라. 이러한 데이터를 평가하고 상사와 동료에게 적극적으로 제공해라. 팀이나 사회적 모임에서 평균 이상의 사람들과 어울리며 직장과 사회에서 끊임없이 삶의 기준을 높이도록 해라. 당신의 전구에 불이 들어올 때까지 계속 정진하라. 이제 9,999번만 시도하면 된다.

점점 많은 기업에서 그들의 고객과 나아가 자신들을 위해 이 네 가지 커런시를 최대한 활용하는 방법을 알게 되면서 기업이 그릇된 행동에서 벗어나 기업의 사회적 책임과 투명성을 높이는 방향으로 전례 없는 변화를 시도할 것으로 생각한다. 나쁜 기업은 언제든 생길 수 있지만, 브랜드에 대한 소비자의 막강하고 점차 커지는 영향력으로 인해 고객을 생각하지 않는 기업이 이들의 말에 주의 깊게 귀를 기울일 날도 얼마 남지 않았다. 블록체인은 영구적이고 공개적으로 기업의 모든 활동에 대한 기록을 보존할 것이며, 기술이 편견 없는, 최선의 의도로 만들어졌다고 가정해 보면 쓸모없는 기업이 숨을 곳은 아무데도 없을 것이다. 또 우리 모두는 전통적인 모델이 완전히 사라졌다는 것을 안다. 소비자는 더 이상 구매만 하지 않으며, 관심을 갖는 것에서 벗어나 전환, 재구매, 충성도 등 여러 다른 요소를 고려한다. 오히려 소비자는 무한한 선택과 가격 전쟁, 라스트마일 배송, 증강현실 및 음성인식 쇼핑, 개인화 등의 기술로 맞춤화된 혜택을 무분별하게 받아들일 뿐 아니라 원하는 것을 정확히 상상하고, 몇 분 만에 찾아내며, 몇 시간에 갖게 해 주는 일련의 과정 안에 있다. 고객의 세계는 공급이 아닌 수요가 중심이 되었고, 고객은 스마트폰의 형태로 의사봉을 휘두른다. 우리에게는 고객의 요구를 들어주는 것 외에는 다른 방법은 없다.

이러한 변화에 당신은 저항하거나 뛰어들 수 있다. 당신이 벽에 써진 네온 글씨를 무시하려고 한다면, 즉시 타이타닉호의 갑판 위에 놓인 의자나 재배열하라. 후자를 선택하는 브랜드는 마케팅 예산을 대규모의 (말하기)광고에서 대개 커뮤니티를 형성하는 (듣는)광고로 바꿀 것이다. 가장 영리한 기업은 고객 심리와 고객이 그들의 제품 및 서비스를 설명하기 위해 사용하는 언어만을 추적하는 사회적 미션 통제센터를 설립할 것이다. 그 언어가 브랜드의 언어 정체성을 적극적으로 알리며, 고객의 참여가 늘면서 효과적으로 사용될 것이다. 또한, 브랜드의 열쇠를 브랜드 마니아에게 건네고 이들이 브랜드를 대신해 친구들에게 영향력을 행사하도록 할 것이다. 고객 서비스에 과도하게 투자할 것이다.

이 밖에도 새로운 차원의 공동 소유권과 투명성을 확립하기 위해 고객을 초대해 개발자와 함께 제품과 서비스를 혁신하게 할 것이다. 고객과의 접점을 가진 사람들을 분리하는 내부 사일로를 해체할 것이다. 그리고 문제가 발생하는 영역을 모른 척하는 대신 적극적으로 찾아내는 데 전념할 것이다. 고객의 불쾌한 경험을 만족스러운 경험으로 바꾸는 열린 대화를 실시간으로 하게 할 것이다. 주변의 모든 사람을 고객으로 대하고 모든 직원에게 권한을 부여하여 허락을 구하는 데 시간을 낭비하지 않고 바로 도움을 제공하도록 할 것이다. 판매하는 대신 고객이 가능한 한 최선의 결정을 할 수 있도록 돕는 데 초점을 맞출 것이다. 고객을 우선하는 태도를 받아들이는 겸손한 직원을 고용하고 장려할 것이다. 이기적이고 잘난 체하는 태도를 버릴 것이다. 주주들에게 인내심을 갖도록 설득할 것이다. 그리

고 분명 흑자를 기록할 네 가지 브랜드 커런시의 대차대조
표를 균형 있게 유지할 것이다.

스타트업이든, 150년간 운영해 온 대기업이든 상관없
다. 우주는 이런 것에 무관심하다. 이러한 조치를 즉시 실
행하고 화폐, 정보, 충성도, 시간을 낭비하는 대신 이것을
얻고 교환하기 시작해라.

이제 이 책이 나왔으니,
서둘러 실천하라

이유 있는 브랜딩
아마존은 어떻게 브랜드를 관리하는가

초판 발행일 2021년 6월 10일
1판 1쇄 2021년 6월 18일
발행처 유엑스리뷰
발행인 현호영
지은이 스티브 수시
옮긴이 조유미
디자인 오미인
편집 권도연
주소 서울시 마포구 월드컵로 1길 14, 딜라이트스퀘어 114호
팩스 070.8224.4322
이메일 uxreviewkorea@gmail.com
ISBN 979-11-88314-82-9

BRAND CURRENCY
by Steve Susi